D1722966

Heinrich Janssen
Die Perlenschnur des Heils

Heinrich Janssen

Die Perlenschnur des Heils

Den Rosenkranz entdecken
und beten

Butzon & Bercker

Bibliografische Information der Deutschen Nationalbibliothek
Die Deutsche Nationalbibliothek verzeichnet diese Publikation
in der Deutschen Nationalbibliografie; detaillierte bibliografische
Daten sind im Internet über http://dnb.d-nb.de abrufbar.

Das Gesamtprogramm
von Butzon & Bercker
finden Sie im Internet
unter www.bube.de

ISBN 978-3-7666-1539-8

2. Auflage 2012

© 2012 Butzon & Bercker GmbH, Hoogeweg 71,
47623 Kevelaer, Deutschland, www.bube.de
Alle Rechte vorbehalten.
Umschlagmotiv: Renate Menneke, Heilig, Aquarell. © Präsenz
Kunst & Buch, 65597 Hünfelden-Gnadenthal,
www.praesenz-verlag.de
Umschlaggestaltung: Elisabeth von der Heiden, Geldern
Satz: Schröder Media, Dernbach
Printed in the European Union

Inhalt

Teil 1:
Die Entstehung von Rosenkranzgebet und Perlenschnur

Was der Name sagt

„Rosenkranz" ist der Name für ein Gebet und für eine Perlenschnur. „Der Rhythmus des Betens läuft, die Perlen fallen" (Romano Guardini). Die Perlenschnur ist älter als ihr Name und das Gebet hat eine jahrhundertealte Geschichte.

Der Name „Rosenkranz" als eine Bezeichnung der 50 oder 150 Ave-Maria kommt von einem bedeutsamen Kleidungs- und Schmuckstück des Mittelalters. Es ist ein Kranz oder Reifen, der aufs Haupt gesetzt wurde. Der Kranz konnte aus Juwelen, Edelmetall oder Blüten sein. Er bildete einen festen Bestandteil der Kleidung für Männer wie Frauen. Ursprünglich waren diese Kränze ritterliches Standeszeichen, wurden dann allgemeingültig als Festschmuck und Minnegabe.

Die Rose ist seit dem Hochmittelalter das beliebteste Symbol für die Marienminne. Im Laufe des 13. Jahrhunderts wurde der ursprünglich profane Brauch in die Marienverehrung übertragen. Das Marienbild wurde wie eine vornehme Dame mit einem Kranz von Blumen geschmückt. Später wurde der Kranz von Blumen durch einen Kranz von Gebeten ersetzt.

Eine Marienlegende aus der zweiten Hälfte des 13. Jahrhunderts deutet diese Wandlung. Sie erzählt: In einer Stadt lebte ein Schüler, der reiche Geistesgaben besaß. Aber Faulheit und Trägheit führten dazu, dass er nichts lernte, „so sehr ihn auch sein Lehrer verprügelte". Er hatte sich ganz weltlicher Lust ergeben. Nur eine fromme Gewohnheit war ihm geblieben. Jeden Tag flocht er der Gottesmutter einen Kranz aus frischen

Blumen und schmückte damit ihr Bild. Eines Tages änderte er sein Leben und trat in ein Kloster der Zisterzienser ein. Dort bedrückte ihn lange der Gedanke, Maria nun nicht mehr in der gewohnten Form verehren zu können, und er überlegte schon, das Kloster wieder zu verlassen. Ein alter Mönch aber, dem er seinen Kummer anvertraute, zeigte ihm einen Weg, wie er der Gottesmutter täglich einen viel schöneren Kranz flechten und ihr Bild damit bekränzen könne, als man es mit Blumen machen kann. Dieser Brauch, anstatt eines Kranzes von Blumen der Gottesmutter täglich 50 Ave-Maria zu schenken, nahm der junge Mönch freudig auf. Und der Segen dafür blieb nicht aus. Eines Tages musste er im Auftrag des Abtes eine Reise unternehmen. Unterwegs stieg er in einer Waldlichtung vom Pferd, um seine täglichen 50 Ave-Maria zu beten. Zwei Räuber, die ihm heimlich gefolgt waren, warteten im Gestrüpp auf eine günstige Gelegenheit, ihn zu berauben. Als nun der Mönch zu beten begann, sahen die Räuber auf einmal eine wunderschöne edle Frau bei ihm, die ihm eine Rose nach der anderen vom Mund pflückte. Sie band die Blumen zu einem wunderschönen Kranz von 50 Rosen zusammen. Sie setzte dann den Kranz auf ihr Haupt und entschwand. Der Mönch aber wusste nichts von dieser Frau, da nur die Räuber die wundersame Gestalt erblickt hatten. Schließlich wurde ihm klar und er begriff, dass es die Jungfrau Maria war, die ihm dieses Zeichen gegeben hatte.

Der Name Rosenkranz bezieht sich somit seit etwa der Mitte des 13. Jahrhunderts auf das Gebet der 50 Ave-Maria. Die Rosenkranzlegende, die aus dieser Zeit stammt, machte den Namen volkstümlich und sorgte für weite Verbreitung.

Der Rosenkranz als Perlenschnur ist älter als sein Name. Der Name Rosenkranz wurde nachweisbar seit Beginn des 16. Jahrhunderts auf die Perlenschnur übertragen. Aber parallel dazu wurde diese Zählschnur noch lange „Pater noster" oder einfach „Pater" genannt.

diese art worte
wie sie im rosenkranz
gebraucht
gebetet werden
laden sich auf
mit all dem
was ich bin
und erleide
und glaube
und hoffe

Wilhelm Willms

Eine kleine Geschichte des Rosenkranzgebetes

Papst Johannes Paul II. († 2005) sagte: „Der Rosenkranz ist tatsächlich nichts anderes, als mit Maria das Antlitz Christi zu betrachten." Von Romano Guardini († 1968) stammt das Wort: „Dieses Gebet bedeutet das Verweilen in der Lebenssphäre Mariens, deren Inhalt Christus war."

Der heute bekannte Rosenkranz ist noch keine 600 Jahre alt und hat auch danach noch Veränderungen erfahren.

Einer der Ursprünge für den Rosenkranz ist das Wiederholungsgebet, das schon im frühen Mönchtum gepflegt wurde. Es entsprang dem Wunsch nach immerwährendem Gebet. Paulus schrieb an die Gemeinde von Thessalonich: „Betet ohne Unterlass" (1 Thess 5,17). Immerwährendes Gebet war bei den Wüstenmönchen im dritten, vierten und fünften Jahrhundert das entscheidend wichtige Bemühen.

Vom Eremiten Paulus von Theben (ca. 234–347), der in der nordafrikanischen Wüste lebte, wird berichtet, er habe täglich dreihundertmal das Vaterunser gebetet. Er zählte die Gebete mithilfe kleiner Steine, die er in seinem Gewand bewahrte. Nach jedem Vaterunser nahm er einen heraus.

Eine dem heutigen Rosenkranz ähnliche Zählschnur fand sich schon bei dem heiligen Antonius (251–356), der seit dem Jahr 270 als Einsiedler in der oberägyptischen Wüste lebte und als Vater des Mönchtums verehrt wird. Der heilige Antonius gilt als Schöpfer des griechischen „Kombologion" (Zählschnur). Das Kombologion hat sich bis heute bei orientalischen Riten und deren Orden gehalten, vor allem bei den Basilianer-Mönchen.

Das Psalterium, die 150 Psalmen der Heiligen Schrift, bildete seit je den längsten und bedeutendsten Teil des kirchlichen Stundengebetes, das im sechsten Jahrhundert seine Form gefunden hat.

Irische Mönche gaben dem Buch der Psalmen einen eigenen Namen. Sie nannten die 150 Psalmen die

„drei Fünfziger" (quinquagena). Man zählte einen ersten, einen zweiten und einen dritten Fünfziger. Damit kommt es zu jener Ordnung, die sich auch im Rosenkranz bis heute erhalten hat. Im Jahre 2002 hat Papst Johannes Paul II. mit dem lichtreichen Rosenkranz die herkömmliche Zahl erweitert.

Mit den irischen Mönchen wie Kolumban und Gallus, die um 590 nach Frankreich kamen, wurde die Einteilung der Psalmen und drei Fünfziger auf dem Festland bekannt.

Für die Laienbrüder, die kein Latein beherrschten oder gar nicht lesen konnten, ersetzte man das Beten der Psalmen durch das allen bekannte Vaterunser. So hatten zum Beispiel die Laienbrüder der Zisterzienser zur gleichen Zeit wie die Mönche im Kloster bei der Landarbeit das Stundengebet zu verrichten. Sie beteten anstelle der Psalmen das Vaterunser.

Der Name „Psalter" erhielt nach und nach eine neue Bedeutung. Er bezeichnet neben der Sammlung der Psalmen aus der Heiligen Schrift die Reihe von 150 Vaterunser, später auch die Reihe von 150 Ave-Maria.

Vom 13. Jahrhundert an wurde das Ave-Maria in der damaligen Form (das heißt ohne den zweiten Teil mit der Bitte: Heilige Maria ...) ein Lieblingsgebet der Gläubigen.

Für den Psalter aus 150 Vaterunser gibt es früh Belege. Im Jahre 1096 war es im Kloster Cluny Vorschrift, dass für jeden Verstorbenen der Priester eine heilige Messe feierte und ein Mönch, der nicht Priester war, 50 Psalmen oder 50 Vaterunser zu beten hatte.

Im Laufe der Zeit kamen zwei weitere Psalter mit 150

Glaubensaussagen über Jesus Christus und 150 Lobsprüchen auf die selige Jungfrau Maria hinzu.

Der erste bedeutende Zeuge einer neuen Art von Jesusfrömmigkeit war Anselm von Canterbury (1033–1109). Die frühe Kirche und das frühe Mittelalter hatten zu dem göttlichen Christus in seiner Himmelsherrlichkeit und Majestät aufgeschaut. Jetzt ging der Blick in die andere Richtung: Jetzt kamen vor allem Menschheit und Menschlichkeit Jesu in den Blick. Anselm von Canterbury fragte: „Warum wurde Gott Mensch?" (cur Deus homo?).

Diese Aufmerksamkeit für das Menschliche an Jesus schaute auf sein Erdenleben von der Geburt bis zum Tode. Zu den großen Namen dieser Frömmigkeitsbewegung gehört auch Bernhard von Clairvaux (1090–1153). In Predigten und Schriften suchte er die Verehrung des heiligen Namens zu verbreiten.

Anselm von Canterbury und Bernhard von Clairvaux, die beiden großen Initiatoren der Verehrung Jesu und seines Namens, waren beide auch große Marienverehrer, die um den Zusammenhang der Verehrung Jesu und der Marienverehrung wussten. Sie haben auch Psalter auf die seligste Jungfrau geschrieben.

Die vier aufgeführten Psalter: der Psalter aus 150 Vaterunser, der Psalter aus 150 Ave-Maria, der Psalter unseres Herrn Jesus Christus mit 150 Sätzen über das Leben Jesu und der Psalter Mariens mit 150 Sätzen aus dem Leben Marias, sind so etwas wie „Bausteine" für unseren Rosenkranz.

Die Vereinigung von Vaterunser und Ave-Maria geht auf den Kartäuser Heinrich Egher aus Kalkar (1328–1408) zurück. Er war Visitator seines Ordens und kam viel herum. Er gliederte die 150 Ave-Maria durch 15 Vaterunser in Zehnereinheiten.

Die Zusammenfügung des Psalter Jesu Christi mit dem Psalter Mariens liegt nahe, da man nur schwer in einer erzählenden Darstellung das Leben Jesu und Marias vollständig voneinander trennen kann.

Im geistlichen Raum der Zisterzienser (Bernhard von Clairvaux) gab es eine gleichermaßen christologische wie marianisch geprägte Spiritualität. Dort wuchsen die Ave-Reihen und in Einzelpunkte gegliederte Betrachtungsreihen des Christusereignisses zusammen.

Ein frühes Beispiel aus der Zeit um 1300 stammt aus dem ehemaligen, in der Eifel gelegenen Zisterzienserinnenkloster St. Thomas an der Kyll. In einer Reihe wurde jeweils ein Satz (Geheimnis) angefügt, angefangen von der Erschaffung des Menschen bis zur Vollendung der Welt. In all diesen Sätzen wird davon gesprochen, weshalb der Sohn Marias allen Lobes würdig ist.

Vom Rosenkranz im eigentlichen Sinne können wir dort sprechen, wo zwei Elemente zusammengewachsen sind, einmal eine überkommene Art mündlichen Betens (hier das Ave-Maria) und eine biblische Betrachtung aus dem Leben Jesu (clausula, Gesätz, Geheimnis).

Der Brauch, dem Ave-Maria im Rosenkranz so genannte clausulae, Gesätze oder Geheimnisse beizufügen, ist zum ersten Mal in der Trierer Kartause St. Alban geübt worden. Der junge Dominikus von Preußen fügte um 1410 an den damaligen Schluss des Ave-Maria (der zweite Teil, das Bittgebet, kam später hinzu) 50 kleine Sätze an, „wodurch der Beter des Rosenkranzes an ein Geheimnis im Leben des Herrn oder seiner Mutter erinnert wurde" (Stephan Beissel).

Der Prior dieser Kartause, Adolf von Essen, sorgte dafür, dass diese Betform weite Verbreitung fand. Er ermutigte Dominikus dazu, die clausula immer wieder durch Abschriften weiter zu verbreiten.

Viele andere haben zeitlich früher und später bei dieser Entwicklung eine Rolle gespielt.

Die Ausgestaltung des Rosenkranzgebetes ist mit Dominikus von Preußen nicht abgeschlossen.

Für die Geschichte des heutigen Rosenkranzes ist bedeutsam:

- die Anfügung des Namens Jesu an das Ave-Maria (geschah im 13./14. Jahrhundert)
- die Erweiterung des Ave-Maria um das Bittgebet
- die Einleitung mit dem Glaubensbekenntnis und den drei göttlichen Tugenden
- die Einführung des „Ehre sei dem Vater ..."

Die Anfügung des Namens Jesu an das Ave-Maria

In der Zeit von der Mitte des 13. Jahrhunderts bis zum Ende des 14. Jahrhunderts wird an das Ave-Maria (Lk 1,28 und Lk 1,42) der Name Jesus (manchmal auch Jesus Christus) angefügt. Später schließt sich daran das jeweilige „Geheimnis".

Papst Urban IV. (1261 – 1264) und Papst Johannes XXII. (1316 – 1332) haben auf die Anfügung des Namens Jesu an das Ave-Maria einen Ablass gewährt.

Die Angliederung des Bittgebetes

Das Bittgebet „Heilige Maria, Muttergottes, …" an das Ave-Maria wurde durch Papst Pius V. 1568 vorgeschrieben. Der Papst verpflichtete in diesem Jahr in seiner neuen Brevierausgabe die Priester dazu, beim Breviergebet das Vaterunser und das Ave-Maria zu beten. Der dort vorgeschriebene Wortlaut des Ave-Maria stimmt mit unserem heutigen Text voll überein. Schon aus vorheriger Zeit gibt es eine Reihe von Zeugnissen bis in das 14. Jahrhundert zurück, die das Ave-Maria mit dieser Bitte (zum Teil mit anderem Wortlaut) erweitern.

Die Einleitung mit dem Glaubensbekenntnis und der Betrachtung der göttlichen Tugenden

In der Gegenreformation wurde das Rosenkranzgebet wieder neu belebt. In dieser Zeit wurden vor die Gesätze drei Ave-Maria mit der Bitte um die drei göttlichen Tugenden von Glaube, Hoffnung und Liebe gestellt. Das war um 1600. In der zweiten Hälfte des 16. Jahrhunderts gewann der Gedanke der drei göttlichen Tugenden an Beliebtheit und fand auch Aufnahme in den Catechismus Romanus von 1566.

Das Glaubensbekenntnis wird wohl schon früher im Zusammenhang mit dem Rosenkranzgebet gesprochen worden sein. Es gehörte schon früh zusammen mit dem Vaterunser und später auch dem Ave-Maria zu den Grundgebeten, die jeder Getaufte kennen musste.

Im Zisterzienserorden hatten die Laienbrüder jeden Tag öfter das Vaterunser, das Ave-Maria und das Glaubensbekenntnis zu beten. Möglich, dass daher die Übung herrührt, das Rosenkranzgebet mit dem Glaubensbekenntnis einzuleiten.

Die Einführung des „Ehre sei dem Vater ..."

Der kleine Lobpreis ist angeregt durch den Taufbefehl Jesu. Im Psalmengebet schloss schon im 3. und 4. Jahrhundert jeder einzelne Psalm mit diesem Lobpreis der heiligsten Dreifaltigkeit ab. Es wurde als Letztes in die Gebetsreihe des Rosenkranzes eingefügt. Im Jahre 1613 wurde in einem Buch des Spaniers Fernandes dieser Lobpreis am Schluss eines Gesätzes des Rosenkranzes erwähnt. In der Dominikanerkirche „Sopra Minerva" in Rom sang man den Rosenkranz damals wie die Vesper und fügte so am Schluss eines Gesätzes das „Ehre sei dem Vater ..." an.
Am Anfang des 17. Jahrhunderts ist der Rosenkranz in der heutigen Form als Gemeinschaftsgebet und persönliches Gebet verbreitet. Aus verschiedenen Elementen ist er über die Jahrhunderte aus dem Beten entstanden.

Die Entstehungsgeschichte des Ave-Maria

Rund eintausend Jahre, vom 6. bis zum 16. Jahrhundert, mussten vergehen, bis das Ave-Maria (Gegrüßet seist du, Maria) in seinem heutigen Wortlaut geschaffen war. Die Geschichte ist – ähnlich wie die Entstehung des Rosenkranzgebetes und vieler anderer großer Volksgebete – kaum zu überschauen.

Im Lukasevangelium grüßt der Engel Gabriel Maria mit den Worten: „Sei gegrüßt, du Begnadete, der Herr ist mit dir" (Lk 1,28). Maria, die ihre Verwandte Elisabet besucht, wird von ihr seliggepriesen: „Gesegnet bist du mehr als alle anderen Frauen und gesegnet ist die Frucht deines Leibes" (Lk 1,42).

Wenn wir heute beten: „Gegrüßet seist du, Maria, voll der Gnade ...", so geht das auf den Wortlaut lateinischer Übersetzungen zurück: „Ave Maria, gratia plena, Dominus tecum."

Diese beiden Verse aus der Verkündigungsgeschichte bilden den Kern des Ave-Maria.

Der Name Maria als Anrede ist seit den Anfängen des Gebetsgebrauches im Westen (12./13. Jahrhundert) üblich. In der Liturgie wurden diese beiden Begrüßungen an Maria schon um 600 nach Christus am dritten Adventssonntag angewandt. Ebenso sind sie zur gleichen Zeit in einer Taufliturgie bezeugt.

Das Ave-Maria kommt wohl aus dem Osten, wo sich die frühesten Zeugnisse dafür finden. Für die Übernahme des Ave-Maria aus dem Osten in die Liturgie des Westens war angeblich das Fest Mariä Verkündigung maßgeblich.

Seit Mitte des 13. Jahrhunderts hat man begonnen, den Namen Jesus oder Jesus Christus dem Lobpreis Elisabets (Lk 1,42) anzufügen und zugleich ein Amen.

Dies ist ein Ergebnis, das aus einem breiten Strom hoch- und mittelalterlicher Frömmigkeit herausfließt. Anselm von Canterbury († 1109) und Bernhard von Clairvaux († 1153) sind zwei bedeutende Zeugen dafür.

Der zweite Teil mit der Bitte um die Fürsprache Marias „für uns Sünder" trat etwa seit 1550 hinzu. In Mittelitalien war dieser Teil mit der Bitte schon um die Mitte des 15. Jahrhunderts vielfach üblich. Im Sterbebüchlein des heiligen Anselm von Canterbury († 1109), einem gebürtigen Italiener, findet sich ein Gebet in lateinischer Sprache, das am Ende Maria um den Beistand in der Stunde des Todes anfleht.

Aber erst in der Gegenreformation wurde dieser Teil offiziell angefügt. Papst Pius V. († 1572) ordnete im Jahre 1568 in der neuen Brevierausgabe (Stundengebet des Priesters) an, nach dem Vaterunser auch das „Gegrüßet seist du, Maria" zu beten. Der vorgeschriebene Wortlaut stimmt mit dem heutigen Ave-Maria überein. Diese Erweiterung war eine Antwort der Kirche auf die von den Reformatoren bekämpfte Lehre von Maria als Mittlerin und Fürsprecherin der Gläubigen.

Im Katechismus des heiligen Petrus Canisius von 1570 ist das Ave-Maria mit der Gebetsbitte enthalten. Doch ist dieser zweite Teil für das Gebet der Gläubigen freigestellt. Noch im 17. Jahrhundert wurde der Rosenkranz am Niederrhein ohne diese Erweiterung durch eine Bitte gebetet.

Die Verbreitung des Rosenkranzgebetes

Bruderschaften waren im Spätmittelalter im städtischen Bereich weit verbreitet. Ein Hauptanliegen war das Totengedächtnis und das Gebet für die verstorbenen und lebenden Mitglieder – ein geistlicher Solidaritätspakt.

Im flandrischen Douai wurde 1468 die erste Rosenbruderschaft gegründet und wenig später 1474 in Köln. Dominikaner waren die Initiatoren und sorgten so für die Verbreitung des Rosenkranzgebetes. Für diese ersten Gründungen waren Alanus de Rupe (1428–1475), Michael Francisci (1435–1502) und der Kölner Prior Jakobus Sprenger (1436/38–1495) von besonderer Bedeutung. Die Rosenkranzbruderschaft verbreitete sich schnell. Das hatte verschiedene Gründe. Jakobus Sprenger sorgte für eine einfache Organisationsform in Köln. Man musste sich lediglich in das Bruderschaftsbuch eintragen und die Verpflichtung übernehmen, jede Woche ein Psalterium aus 150 Ave-Maria und 15 Paternoster zu beten. Es gab keine Eintrittsgebühren oder feste Beiträge. So konnten auch Arme eintreten. Auch Frauen konnten Mitglieder werden.

Von großer Bedeutung war es, Ablässe zu gewinnen, und zwar ausschließlich durch das Gebet und nicht durch Geldspenden. Für die rasche Ausbreitung war ferner bestimmend, dass Maria die Patronin des guten Todes war.

Niklaus von Flüe (1417–1487) betete oft: „O Maria, bitte Gott für uns am letzten End." Das gehörte zu der „ars moriendi", der Kunst, gut und fromm zu sterben. Die Zugehörigkeit zu Bruderschaften zeigte der sichtbar getragene Rosenkranz.

Insgesamt war die Bedeutung des Rosenkranzgebetes im letzten Drittel des 15. Jahrhunderts in Deutschland und im übrigen Europa deutlich angestiegen. Seit dem 14. Jahrhundert war das Rosenkranzgebet seinen monastischen Ursprüngen entwachsen und wurde im 15.

Jahrhundert mit einer allgemein verbundenen Heils-
sehnsucht zu einer „Massenbewegung".

Der zunächst in der Kölner Rosenkranzbruderschaft ge-
betete Rosenkranz war noch nicht unser heutiger
Rosenkranz mit den eingeschobenen Sätzen, der das
Leben Jesu vor Augen führte (Leben-Jesu-Rosenkranz).
Erst die Verbindung vom Ave-Maria mit den Betrachtungen (Geheimnis, Gesätz) macht den Rosenkranz
aus.

Für den einfachen Beter war es kaum möglich, zu jedem der 150 Ave-Maria einen Betrachtungssatz zu kennen. Denn 150 Geheimnisse oder auch nur 50 konnte
man nicht leicht im Kopf behalten. Wer keinen Text
besaß oder nicht lesen konnte, musste das Psalterium
ohne die Geheimnisse beten.

Sehr bald entstand eine vereinfachte Form, wie wir sie
auch heute kennen. Die Verknüpfung von je einem
leicht zu benennenden Gesätz aus dem Leben Jesu mit
zehn Ave-Maria ist bis heute geblieben. Dazu kommt
die Zusammenfassung von je fünf Gesätzen zu einem
Rosenkranz. So entstanden der freudenreiche, schmerz-
hafte und glorreiche Rosenkranz.

In einer Schrift der Ulmer Rosenkranzbruderschaft aus
dem Jahre 1483 finden wir schon fast wörtlich die
heutigen 15 Gesätze (Geheimnisse).

Dieser „Leben-Jesu-Rosenkranz" ist nach Jahrhunderten
von Papst Johannes Paul II. im Jahre 2002 um die Zeit
des öffentlichen Wirkens Jesu erweitert worden. Er for-
mulierte fünf Gesätze des lichtreichen Rosenkranzes.
Dadurch ist die Zahl drei Mal 50 (150 Psalmen) als
Vollgestalt des Rosenkranzes verloren gegangen, aber

die Betrachtung auf das ganze Leben Jesu ausgeweitet worden.

Im 16. Jahrhundert mit Aufkommen der Reformation erfuhr der Rosenkranz scharfe Kritik. Die Gebetshäufungen und die vielen Ablässe fanden Ablehnung. Die Reformation kritisierte das Rosenkranzgebet, weil es ihrer Auffassung nach dazu verleite, mechanisch und ohne innere Anteilnahme „heruntergebetet" zu werden.

So kam in den protestantischen Ländern das Rosenkranzgebet zum Erliegen, auf katholischer Seite wurde es so etwas wie ein Kennzeichen der Rechtgläubigkeit. Es war die Zeit, wo der Rosenkranz unter Papst Pius V. (1504–1572) seine feste Form erhielt und an das Ave-Maria der Bittteil angefügt wurde.

Es entstanden in dieser Zeit in Europa viele neue Rosenkranzbruderschaften. Das Konzil von Trient (1545–1563) stellte die Weiche für die kommende Entwicklung. Diese neuen Rosenkranzbruderschaften wurden stärker der Aufsicht der Ortsbischöfe unterstellt.

Besonders durch die Bemühungen der Jesuiten wurden die Bruderschaften und somit das Rosenkranzgebet zu einer neuen Blüte geführt. Es gibt eine große Anzahl von Aufstellungen, die die Verbreitung und die Mitgliederzahlen dieser Vereinigungen deutlich machen.

Nach dem Sieg über die Türken bei Lepanto (1571), der nach Papst Pius V. dem Rosenkranzgebet zugeschrieben wurde, erlebte der Rosenkranz einen starken Aufschwung.

Der heilige Dominikus hat zur Entwicklung, Wertschätzung und Verbreitung des Rosenkranzes dadurch viel beigetragen, dass er den Ave-Psalter beziehungsweise den Psalter mit 50 Ave-Maria als den Rosenkranz seiner Zeit gebetet und gefördert hat. Das ist auch eine Aufgabe seines Ordens geblieben. Historisch nicht haltbar ist, dass der Rosenkranz als Ganzes auf den heiligen Dominikus zurückzuführen sei. Etliche Elemente des Rosenkranzes waren schon vor Lebzeiten des Dominikus vorhanden, andere dagegen sind erst nach seinem Tod hinzugekommen. Bis in das vergangene Jahrhundert hinein ist in päpstlichen Dokumenten, in Lexika-Artikeln und im religiösen Schrifttum vertreten worden, dass Dominikus der „Vater des Rosenkranzes" sei. Dazu haben vor allem Bilder beigetragen, die zeigen, wie Maria dem heiligen Dominikus den Rosenkranz überreicht. Gerade diese Bilder wollen bezeugen, dass Dominikus ein großer Förderer des Rosenkranzgebetes gewesen ist. Erstmals ist in dem Schreiben „Marialis Cultus" von Papst Paul VI. aus dem Jahre 1974 diese Auffassung nicht mehr vertreten.

Sehr viele Orden haben in ihren Konstitutionen und Regeln das Rosenkranzgebet als tägliches Gebet. Zur Ordenstracht der meisten Ordensgemeinschaften gehörte bis vor einigen Jahren ein großer Rosenkranz. Auch in den neuen Geistlichen Gemeinschaften wird das Rosenkranzgebet intensiv gepflegt.

In den Erscheinungen von Lourdes (1858) und Fatima (1917) kommt dem Rosenkranz und dem Rosenkranzgebet eine besondere Rolle zu. In beiden Erscheinungen trägt Maria einen Rosenkranz. Das Rosenkranzgebet erhält einen neuen Impuls, der sich unter anderem in zwei großen Gebetsgemeinschaften, die nach dem

Zweiten Weltkrieg (1939–1945) entstanden sind, niederschlägt.

Das „Fatima-Weltapostolat" (ursprünglich „Blaue Armee Mariens" genannt als Widerpart zur „Roten Armee") wurde 1947 von einem amerikanischen Pfarrer gegründet. Es ist nach Mitgliedern die stärkste Rosenkranzbewegung. Sie zählt in 120 Ländern circa 22 Millionen Mitglieder. Ihr Gebet ist Bitte um den Weltfrieden und um das Heil der Seelen.

Der „Rosenkranz-Sühnekreuzweg" wurde auch 1947 gegründet und ist ebenfalls der Fatima-Botschaft verbunden. In 132 Ländern hat er circa 700 000 Mitglieder.

Diese beiden Gebetsgemeinschaften stehen zugleich für andere ähnliche Gebetsgemeinschaften. In den jungen Kirchen verschiedener Missionsländer gibt es eine Familien-Rosenkranz-Bewegung (Family Rosary Crusade). Manche dieser Gebetsgemeinschaften haben als Zeichen der Verbundenheit einen eigenen Rosenkranz (Perlenschnur).

Das Jesusgebet,
der Rosenkranz der Ostkirche

Jesusgebet und Rosenkranz haben ein Ziel: Sie möchten in eine lebendige Jesusbegegnung führen. Beide haben eine gemeinsame geistliche Wurzel. Sie entstammen dem frühen östlichen (orientalischen) Mönchtum. Vom Berg Athos aus wurde das Jesusgebet in den griechischen und slawischen Osten gebracht. Ab dem 15.

Jahrhundert ist es in Russland in Übung, wo es gleichsam als Rosenkranzgebet erscheint. Beim Beten wird ein Rosenkranz genommen, der zum Zählen der Gebete und der damit verbundenen „Metanien" (= Niederwerfen) dient (Heinrich Bacht, Das „Jesus-Gebet". In: Weltnähe oder Weltdistanz? Frankfurt 1962, S. 152 u. S. 159).

In der zweiten Hälfte des 19. Jahrhunderts erschien in Russland eine Schrift, die auf Deutsch „Aufrichtige Erzählungen eines russischen Pilgers" heißt. In Deutschland kam dieses Buch erstmals 1925 heraus und als vollständige Ausgabe 1974 (Emmanuel Jungclausen, Freiburg 1974).

Das Buch schildert die geistlichen Erfahrungen und Erlebnisse eines Bauern, der seine Frau und sein Hab und Gut verloren hat und auf Pilgerschaft geht, um das Jesusgebet zu erlernen. Der Wortlaut dieser Gebetsanrufung ist: „Herr Jesus Christus, erbarme dich meiner."

Bei seiner Suche gibt ihm ein Starez den Rat: „Verrichte das Gebet, so oft du willst, so viel als möglich, bemühe dich, alle wachen Stunden dem Gebet zu weihen, und rufe den Namen Jesu Christi an ohne Zahl, dich demütigend dem Willen Gottes hingebend und von ihm Hilfe erwartend; ich glaube, dass er dich nicht verlassen und deine Wege leiten wird" (Aufrichtige Erzählungen, Freiburg [8]1978, S. 36).

Das Jesus- oder auch Herzensgebet der Ostkirche ist von einem langen und breiten Überlieferungsstrom getragen und lebendig geblieben.

Die Namen-Jesu-Theologie (Mitte des 13. Jahrhunderts bis Ende des 14. Jahrhunderts), die den Namen Jesu in das Ave-Maria brachte, führte gleichzeitig im Osten zur

Formulierung des Jesusgebetes. „Das Jesusgebet ist eine überaus tiefsinnige Zusammenfassung der ganzen Heilslehre" (H. Bacht, a. a. O., S. 158).

Schon früh wurde es mit körperlichen Übungen und mit asketischen Anforderungen verbunden. In der Tugendlehre (Philakalia) steht in einer Unterweisung des heiligen Simeon, des Neuen Theologen († 1022): „Setze dich still und einsam hin, neige den Kopf, schließe die Augen; atme recht leicht, blicke mit deiner Einbildung in dein Herz, führe den Geist, das heißt das Denken, aus dem Kopf in dein Herz ..." (Aufrichtige Erzählungen, a. a. O., S. 31).

Zu den asketischen Übungen gehören unter anderen: Stillschweigen, Schriftlesung, Nachtwachen, Fasten, Sichniederwerfen (Prostratio) dreihundertmal am Tag.

Der hauptsächliche Unterschied zwischen Rosenkranzgebet und Jesusgebet ist die Blickrichtung. Das Jesusgebet schaut liebend und anbetend nach oben, auf den erhöhten Herrn Jesus Christus, der mit dem Herrn Jesus in seiner Erdenzeit zusammen geschaut wird.

Das Rosenkranzgebet lenkt den Blick zurück auf das vergangene Heilsgeschehen von der Verkündigung bis zur Geistsendung an Pfingsten und auf die durch den Heiligen Geist gewirkte Gemeinschaft der Heiligen.

Der Rosenkranzbeter schaut mit dem irdischen Jesus auch den erhöhten Herrn in einem Blick zusammen. Aufblick und Rückblick gehören zusammen (Heinrich Schürmann, Rosenkranz und Jesusgebet, Freiburg 1986, S. 10).

Im „Gotteslob", dem gemeinsamen Gebet- und Gesangbuch für die Bistümer Deutschlands, Österreichs, Bozen und Brixen, werden das Jesusgebet und einige Variationen aufgeführt. Die Herkunft wird beschrieben und eine Anleitung zum Gebet gegeben (vgl. Gotteslob Nr. 6,1 – 3).

Das katholische Gesangbuch der deutschsprachigen Schweiz aus dem Jahre 1998 erläutert unter der Nummer 267,9 das „immerwährende Jesusgebet".

Die lange Geschichte der Perlenschnur

Schon in den ersten christlichen Jahrhunderten wurden für Wiederholungsgebete Zählgeräte gebraucht. Wie schon erwähnt benutzte der Eremit Paulus von Theben (234 – 347) im 3. Jahrhundert n. Chr. kleine Steine zum Zählen seiner Gebete. Antonius der Große (251 – 358) gilt als Schöpfer des griechischen Kombologion, einer einfachen Knotenschnur, um das Jesusgebet in einer genauen Anzahl verrichten zu können. Eine andere Art waren Zählschnüre mit Fruchtkörnern oder kleinen Steinen. Die Slawen des byzantinischen Ritus nennen sie bis heute ciotki. Beide Ausdrücke können mit den Worten „Zusammenzähler" oder „Zählschnur" übersetzt werden.

Diese Zählschnüre waren bald auch bei den Mönchen des Abendlandes in Gebrauch. Die Benediktiner benutzten sie im 6. Jahrhundert für die bei der Arbeit verrichteten Gebete.

Vom 8. Jahrhundert an war die Verwendung von Zählschnüren zur Verrichtung der Buße notwendig geworden. Die auferlegte Buße von 20, 50 oder mehr Paternoster wurde mithilfe einer Zählschnur gebetet.

Im 9. Jahrhundert sind unter Papst Leo IV. (847–855) Schnüre für 50 Paternoster zu finden.

Von großen Heiligen wissen wir, dass sie solche Gebetsschnüre gehabt und daran gebetet haben, zum Beispiel der heilige Norbert von Xanten (ca. 1080–1134), der Gründer des Praemonstratenserordens. Im Jahre 1628 fand man bei seinem Leichnam eine Schnur mit kleinen gläsernen Kugeln.

Von der heiligen Klara (1194–1253) wiederum wird berichtet, dass sie keine Paternoster-Schnur besaß und auf die alte Methode mit den Steinchen zurückgriff.

Welche Bedeutung die Gebetsschnur schon damals hatte und wie sehr sie zum persönlichen Besitz gerechnet wurde, belegt das Urteil in einem Erbstreit aus dem Jahre 1151. Der Vorfall aus Isny im Allgäu ist durch eine Urkunde überliefert. Es wurde durch ein Urteil entschieden, dass die Zählschnur nicht wie Stuhl oder Bett zum gewöhnlichen Nachlass gehörte, sondern gleich Messer oder Gabel zum persönlichen Eigentum des Toten zu rechnen ist. Auch der Sachsenspiegel, das älteste deutsche Rechtsbuch des Mittelalters, der zu Beginn des 13. Jahrhunderts verfasst wurde, enthält gleich lautende Bestimmungen.

Für die Mitte des 14. Jahrhunderts liegt der Nachweis vor, dass die Herstellung im großen Umfang eingesetzt hat. Im Warenverzeichnis eines Londoner Goldschmiedes aus dem Jahre 1381 werden neben Paternoster-Schnüren ausdrücklich auch Ave-Schnüre genannt.

Während der Reformationszeit im 16. Jahrhundert stagnierte die Entwicklung des Rosenkranzes. Mit Beginn der Gegenreformation nach dem Konzil von Trient (1545–1563) gewann das Rosenkranzgebet wieder an Bedeutung. Im 18. und 19. Jahrhundert erreichte auch die Rosenkranzherstellung einen neuen Höhepunkt. Durch die Erscheinungen von Lourdes (1858) und Fatima (1917) wurde der Rosenkranz noch einmal in seiner Bedeutung hervorgehoben.

Am Ende des 19. Jahrhunderts und im 20. Jahrhundert haben sich die Päpste zu Anwälten des Rosenkranzes gemacht. Hervorzuheben ist Papst Leo XIII. (1878–1903). Papst Johannes Paul II. hat in seinem Apostolischen Schreiben „Rosarium Virginis Mariae" auch über die Bedeutung der Perlenschnur gesprochen: „Das gebräuchliche Hilfsmittel für das Rosenkranzgebet ist die Perlenschnur. In einer eher oberflächlichen Sichtweise ist sie lediglich ein Gegenstand zum Zählen ... Jedoch hat sie auch eine symbolische Bedeutung. ... Diesbezüglich ist ... festzuhalten, dass der Rosenkranz auf das Kreuz hin zusammenläuft, das somit den Weg des Gebetes selbst eröffnet und abschließt. ... Alles geht von ihm aus, alles strebt zu ihm hin, alles führt durch ihn im Heiligen Geist zum Vater. Als Hilfsmittel zum Zählen der fortlaufenden Gebetselemente erinnert uns der Rosenkranz an den beharrlichen Weg der christlichen Kontemplation und Vervollkommnung ..." (RVM Nr. 36).

Der große Theologe Romano Guardini (1885–1968) schreibt in seinem kleinen Buch „Der Rosenkranz Unserer Lieben Frau" aus dem Jahre 1940 (Neuauflagen bis in unsere Tage) von der Perlenkette: „Was die Perlenkette angeht, so hat sie offenbar die Aufgabe, den Geist von gewissen Leistungen äußerer Aufmerksamkeit zu entlasten. Die eine Perle führt den Betenden zur anderen. Ihre Zahl hält die Wiederholungen in einem bestimmten, durch lange Erfahrungen als richtig erkannten Maß. Wäre sie nicht, dann müsste der Betende darauf achten, dass er weder im Zuwenig bleibt noch ins Zuviel gerät und wieder vom Eigentlichen abgelenkt wird. Die Perlen nehmen ihm das ab; sie zählen statt meiner."

Die Perlenschnur ist heute noch ein Zeichen des Gottvertrauens und der Frömmigkeit und für viele Menschen ein Lebensbegleiter. Votivbilder an Wallfahrtsorten, Bilder und Grabmäler, Heiligendarstellungen und Rosenkranzaltäre, sie alle zeigen, dass der Rosenkranz als Glaubenszeichen und Lebensbegleiter von Gottvertrauen und von der Bereitschaft zum Gebet spricht.

Der Rosenkranz war und ist neben dem Ausdruck der persönlichen Frömmigkeit auch ein öffentliches Zeichen des Glaubens und der Kirchenzugehörigkeit.

Als persönliches Geschenk – etwa zur Erstkommunion oder Firmung – ist der Rosenkranz ein Zeichen der Verbundenheit im Glauben und eine Ermunterung zum Gebet. Der Papst schenkt seinen Besuchern meist einen Rosenkranz und gibt ihn auch als Ehrengabe an hochgestellte Persönlichkeiten oder als Votivgabe an Wallfahrtsorte.

Tote werden mit dem Rosenkranz in der Hand aufgebahrt und begraben.

In Schatzkammern (Dom-Museum Salzburg, Residenz in München oder Wallfahrtsmuseum in Altötting ...) findet man Rosenkränze als wertvolle Kostbarkeiten.

In seinen persönlichen Aufzeichnungen schreibt Romano Guardini: „... und dann der goldene Rosenkranz. Eine Marotte von mir, etwas Reines und ganz Kostbares zu haben." Es wundert kaum, dass dieses „Gebetsgerät" auch zum Schmuckstück wird. Um 1420 gibt es diese Gebetsschnüre in Westfalen mit kleinen Korallen auf überlanger Schnur, die um den Hals getragen werden. Das Nachlassinventar der Marguerite von Flandern, Herzogin von Burgund, verzeichnet im Jahre 1405 223 Gebetsschnüre, darunter 103 mit Bernsteinperlen und 64 aus Korallen. Auch in Kevelaer sieht man in einigen Fensterauslagen wieder handgefertigte Rosenkränze aus Halbedelsteinen.

In einer Chronik der Stadt Biberach um 1530–1540 steht: „Jedermann hat patternoster tragen und darahn bettet jung und alt ... Wer khain patternoster tragen hat oder bey ihme gehabt hat, den hat man nit für einen christenmenschen gehalten."

Stephan Beissel schreibt in seiner Geschichte der Verehrung Marias im Mittelalter (Freiburg 1909): „Die Vorsteher der Rosenkranzbruderschaften verlangten, die Mitglieder sollten stets das ‚Zeichen', die Rosenkranzschnur, bei sich tragen. Viele Mitglieder trugen dieselbe besonders beim Kirchgang und in Prozessionen öffentlich in der Hand, am Gürtel oder um den Hals." Ein Grund für das Tragen des Rosenkranzes lag darin, dass Rosenkranzbruderschaften dafür Ablässe von der Kirche erhielten.

Die Sitte, eine Gebetsschnur zu tragen, verbreitete sich im 15. Jahrhundert so sehr, dass es für den Kirchgang selbstverständlich war.

Die verschiedene Weise, wie der Rosenkranz und seine Vorgänger getragen wurden, geben einen eigenen Einblick in das religiöse Brauchtum früherer Zeiten und zeigen auch, was in unseren Tagen noch lebendig geblieben ist.

Es gab und gibt das Mitsichführen des Rosenkranzes als einen Ausdruck von Gläubigkeit, ohne das Rosenkranzgebet zu pflegen. Für viele Katholiken war es ein „Ausweis" ihres Glaubens und auch ein Zeichen, wonach man in Gefahr und vor allem in der Todesstunde greifen konnte. Dafür spricht die früher häufige Ausgestaltung des Rosenkranzes mit einem sogenannten Sterbekreuz (Kreuz mit Holzeinlage).

Eine beliebte Form im Mittelalter war das Tragen eines Rosenkranzes am Gürtel sowohl bei Männern wie Frauen. So tragen auch heute noch Ordensleute den Rosenkranz.

Nicht selten sieht man im Auto am Rückspiegel befestigt einen Rosenkranz. Sie werden als „Auto-Rosenkränze" in Wallfahrtsorten angeboten.

Material, Herstellung, Handel

Ansehen und Wert eines Rosenkranzes hängen nicht zuletzt von den verwendeten Materialien ab. Eine Vielzahl von Materialien sind verarbeitet worden.

Eine ganz einfache Form war eine Zählschnur mit Knoten in einer Schnur.

Frühe Materialien waren Naturstoffe wie Körner, kleine Holzkugeln, Steine, Bein (Knochen) und Muscheln beziehungsweise Perlmutter.

Im hohen Mittelalter gab es nachweislich schon 1260 bei den Paternostermachern in Paris Zunftbestimmungen, die Zunftmitglieder nach den verschiedenen Materialien unterschieden. Dort werden unter anderem neben Holz und Bein Koralle und Perlmutter, Bernstein und Gagat (polierfähige Braunkohle) verarbeitet. Wir hören auch noch von anderen Materialien: Lapislazuli, Jaspis, Karneol, Gold, Messing, Kupfer und Wachs.

Holz von Zedern und Olivenbäumen (Olivenholz) kam häufiger aus dem Heiligen Land. Durch ihre Herkunft wurden sie schon zu Heiliglandreliquien gezählt.

Der Handwerkszweig der Paternostermacher war in vielen großen Städten zu Hause, während zuvor Einsiedler und Ordensleute Gebetsschnüre herstellten. In London sind die Paternostermacher seit 1277/78 als Zunft belegt.

Rosenkränze wurden bald in großer Menge hergestellt. Die große Nachfrage wurde auch durch die im 15. Jahrhundert entstehenden Rosenkranzbruderschaften gefördert.

In der Zunftordnung der Lübecker Paternostermacher vom 27. Februar 1365 beträgt die Rechnungseinheit von Perlen jeweils 1000 Stück. Neben der Massenware ist auch von einzelnen gefertigten Stücken die Rede.

Während der Reformationsjahrzehnte im 16. Jahrhundert stagnierte die Entwicklung des Rosenkranzes. Mit Beginn der Gegenreformation gewann das Rosenkranzgebet wieder an Bedeutung (Ende des 16. Jahrhunderts). Neben den großen Städten wie Paris und London gab es unterschiedliche Produktionsstätten.

Berühmt und für das 18. Jahrhundert charakteristisch wurden die in Schwäbisch Gmünd hergestellten Silberfiligranperlen und -kreuze sowie Silberfiligrananhänger. Die Kreuze hatten meist emaillegearbeitete Kruzifixe. Durch den technischen Fortschritt konnte seit dem 18. Jahrhundert eine ungeheure Produktion dieser Rosenkränze in Schwäbisch Gmünd entstehen.

Seit dem Mittelalter gibt es diese Drahtarbeit, die für Schwäbisch Gmünd 1695 urkundlich belegt ist. Besonders die Paternosterperlen waren oft Filigranarbeiten und zwischen wertvollen Steinperlen wurden Zwischenglieder aus Silberdraht eingeschaltet.

In Neukirchen beim Heiligen Blut bot der Wallfahrtsort einen Markt für den Absatz von Rosenkränzen. Die Nähe von „Paterl-Hütten", Glashütten, in denen vor allem fertige Glasperlen hergestellt wurden, bot das notwendige Material. Bis in die jüngste Zeit haben die Glashütten im Bayrischen Wald Rosenkranzhersteller mit Perlen versorgt. Ein weiteres Material aus diesem Raum war Holz. Zeitweise sind mehr als 600 Familien als „Patermacher" oder „Kettler" tätig gewesen. Auch heute hat der kleine Wallfahrtsort noch eine der wenigen „Rosenkranz-Fabriken" in Deutschland. Ein eigenes Wallfahrtsmuseum gibt einen guten Einblick in diese lange Tradition des Ortes.

In Kevelaer wurden Rosenkränze hergestellt, deren Material (Perlen) aus den französischen Pyrenäen bezogen wurde. Diese Rosenkranzperlen aus Coco und Bein wurden auf rote und grüne Schnüre gereiht.

Im Tagebuch von Pfarrer Heinrich Krickelberg († 1863) gibt es zwei Eintragungen, in denen er festhält, dass er größere Aufträge für Rosenkränze erteilt hat, die aus Coco hergestellt waren und aus den Pyrenäen bezogen wurden.

Eine Firma in Kevelaer bediente sich der Fertigkeit eines jungen Mannes aus Betlehem, der Frauen und Mädchen für die Rosenkranzkettelung anlernte. In Heimarbeit fanden dort zeitweilig rund 300 Personen Arbeit. Draht und Perlen sowie Werkzeug (Rosenkranzzange) gaben die Auftraggeber und zahlten jeweils einen Stückpreis. Rohmaterialien kamen vielfach auch aus Süddeutschland, farbige Glasperlen zum Teil aus Italien.

Seit einigen Jahren werden wieder Einzelstücke aus wertvollen Steinen in einigen Werkstätten von Silber- und Goldschmieden gefertigt.

In der zweiten Hälfte des 19. Jahrhunderts wurde Lourdes zu einem großen Wallfahrtsort. Es entstanden Werkstätten zur Herstellung von Rosenkränzen. Das am meisten verarbeitete Material war Buchsbaumholz, das dort reichlich vorhanden war.

An vielen Rosenkränzen befinden sich Anhänger. Sie sind ab dem Jahre 1500 belegt. Der Anhänger ist nur an einer Seite mit dem Rosenkranz verbunden. Älter sind Einhänger, die in die Kette eingefügt werden. Der heute übliche Rosenkranz wird durch Einhänger zu einem geschlossenen Kranz. Daran hängen das Kreuz und die Eingangsperlen (Gebet um Glauben, Hoffnung und Liebe).

Die Anhänger sind heute meist Medaillen, die Christus und auch Szenen aus dem Leben Jesu darstellen, oft sind auch Heilige dargestellt. Besonders beliebt waren die Heiligen Benedikt, Christophorus, Georg, Sebastian und Antonius.

Bekannt ist die Nepomuk-Zunge. Es ist eine Nachbildung der „Zunge" des Heiligen. Johannes Nepomuk, der als Märtyrer des Beichtgeheimnisses gilt, wurde hoch verehrt.

An vielen Rosenkränzen sieht man das Caravacca-Kreuz. Es ist nach der spanischen Stadt benannt und besitzt zwei Querbalken. Im 16. und 17. Jahrhundert wurde es besonders geschätzt als Abwehrzeichen gegen Unwetter und Unglück.

Auch das Ulrichs-Kreuz, ein gleichschenkliges Kreuz mit erweiterten Enden, wird als Abwehrzeichen am Rosenkranz getragen.

Manche Medaillen sind Erinnerungen an bestimmte Wallfahrten und Wallfahrtsorte.

Häufig findet man auch an alten Rosenkränzen den „Bisamapfel", eine meist aus Silber gearbeitete, durchbrochene Kugel, die mit heilkräftigen Duftstoffen gefüllt war.

Wendehaupt ist der Name für ein häufig aus Elfenbein oder Bein geschnitztes Doppelhaupt mit dem Antlitz Christi (Zeichen für das Leben) und einem Totenkopf (Memento mori – Gedenke, du bist sterblich!).

Als Einhänger und Anhänger sind die Leidenswerkzeuge Christi (arma Christi) zu sehen.

Verschiedene Typen und Betweisen

Der heutige Rosenkranz hat seine Form durch Papst Pius V. im Jahre 1569 erhalten. Es sind 150 Ave-Maria in 15 Zehnerreihen, die durch ein Vaterunser eingeleitet und mit dem „Ehre sei dem Vater ..." abgeschlossen werden. Jede Zehnerreihe bildet ein Gesätz. Zu jedem Gesätz gehört eine Betrachtung aus dem Leben Jesu. Diese 15 Gesätze (Geheimnisse) werden in drei Fünfziger aufgeteilt: freudenreicher, schmerzhafter und glorreicher Rosenkranz.

Die herkömmlichen Perlenschnüre (Rosenkränze) sind danach gestaltet: der Rosenkranz mit 15 Gesätzen, mit fünf Gesätzen und mit einem Gesätz (Zehner). Am meisten verbreitet ist der Rosenkranz mit fünf Gesätzen. Der Zehner gilt als ausgesprochener Männerrosenkranz.

Ähnlich wie das Rosenkranzgebet hat auch die Perlenschnur als Andachtsgegenstand eine lange Entwicklungsgeschichte durchlaufen und unterschiedliche Typen sind entstanden.

Es hat neben den bekannten Zyklen der 15 Gesätze immer eine Fülle anderer Formen gegeben, die durch Orden, Bruderschaften oder Einzelpersonen in Schriften und Bildern verbreitet wurden. Dazu gab es auch entsprechende Perlenschnüre. Beim Rosenkranz mit sechs Gesätzen ist die Übung eingegangen, dem jeweiligen Rosenkranzgebet ein Gesätz für die Verstorbenen anzufügen. Bei anderen mit sieben oder mehr Gesätzen haben besondere Gebetsanliegen und Gebetsweisen von Bruderschaften oder Orden ihren Ausdruck gefunden.

Neben den Rosenkränzen mit der durch die Psalmen geheiligten Zahl von 150 oder 50 Ave-Maria gibt es eine große Zahl von Sonderformen, die weit verbreitet waren und sind, die päpstliche Anerkennung gefunden haben und mit Ablässen versehen wurden. Als Beispiel seien einige genannt.

Zu erwähnen ist der Rosenkranz der heiligen Birgitta mit 63 Ave-Perlen, die an die Lebensjahre der Muttergottes erinnern. Weil andere behaupteten, die Gottesmutter habe 70, 72 oder 73 Jahre gelebt, steigerte man die Anzahl der Ave-Perlen auf die Zahl dieser Lebensjahre Marias.

Aus dem Raum der Franziskaner kommt ein Rosenkranz mit 33 Ave-Perlen, der an die 33 Lebensjahre Jesu erinnert.

In dem Orden der Serviten bediente man sich im 16. oder 17. Jahrhundert einer Gebetsschnur mit siebenmal sieben Körnern. Dazwischen wurden sieben Medaillen mit den Darstellungen der sieben Schmerzen Marias eingefügt. Diese Form wird auch heute noch in Kevelaer und an anderen Wallfahrtsorten angeboten.

Es gibt noch viele andere Arten, aber auch Abarten, und es kommen immer wieder neue hinzu.

Unter den „Zehnern" gibt es die Fingerringe in verschiedenen Formen: mit Kugeln auf einem Reifen, mit Erhebungen, mit Muscheln und anderem. Sie sind aus Metall und in neuerer Zeit auch aus Plastik. Schon früh (erste schriftliche Erwähnung 1723) wurden solche Ringe den Malteser-Rittern zugeschrieben. Sie werden heute auch als Soldaten- oder Pfadfinderrosenkranz verbreitet.

Seit 1951 wird der Missionsrosenkranz gefördert und verbreitet, bei dem die fünf Gesätze der Perlenschnur mit je einer Farbe an die fünf Erdteile erinnern. Dieser Rosenkranz geht auf den amerikanischen Bischof Fulton J. Sheen († 1979) zurück. Das Eigene daran ist die Gebetsintention.

Die Vielfalt der Perlenschnüre zeigt: Der Rosenkranz ist ein lebendiges Gebet.

Der Rosenkranz in der unierten und orthodoxen Kirche

Die Verbreitung des Rosenkranzes bei den verschiedenen mit Rom unierten orientalischen Kirchen ist eine verzweigte Geschichte. Ganz allgemein kann man sagen, dass dort der Rosenkranz verbreitet ist und die 15 Glaubensgeheimnisse des überlieferten Rosenkranzes betrachtet werden. Der Aufbau ist ein wenig anders als in der katholischen Kirche des Westens. Die Perlenschnüre sind ähnlich, wie wir sie kennen. (Nähere Angaben und Betweisen sind beschrieben in: W. Kirsch, Handbuch [S. 91–95], H. Janssen, Perlen des Gebets [S. 83–86] und Josef-Maria Wolf, Mit der Ostkirche den Rosenkranz beten. Die vollen Literaturangaben stehen im Literaturverzeichnis.)

Aus der eigenen Tradition des Jesusgebetes ist der byzantinische Rosenkranz (cothi) entstanden.

Unser Rosenkranz und das Jesusgebet sind enge Verwandte. Beide Formen haben ihre frühen Wurzeln in der Gebetsspiritualität und der Gebetspraxis des frühen Mönchtums. Das Jesusgebet und das Ave-Maria sind Wiederholungsgebete. Die orthodoxen Gebetsschnüre dienen zur Aufzählung des Jesusgebetes.

Im *griechisch-orthodox geprägten Raum* gibt es Gebetsschnüre mit 33, 50, 100 oder 300 Knoten, an die ein Kreuz aus demselben Material angeschlossen ist. Anstelle der Knoten können es auch Perlen oder Holzkugeln sein. Die häufigste Praxis ist das Flechten der Knoten durch einen schwarzen Faden.

Die Rosenkränze in der *slawischen Welt* haben meist 107 Knoten. Sie sind folgendermaßen unterteilt: ein großer Knoten und 17 kleine, zwei große Knoten und 33 kleine, ein großer Knoten und 40 kleine, ein großer Knoten und zwölf kleine, insgesamt 107 Knoten. Diese vier Gruppen entsprechen den vier Teilen des täglichen Stundengebetes: Vesper, Nokturn, Matutin und die „Typika" (= die Gebete, die in der Zelle verrichtet werden).

Zu jedem Jesusgebet gehört eine Metanie. Es gibt zwei Arten von Metanien: Die kleine Metanie ist eine tiefe Verneigung, ohne die Knie zu beugen. Man berührt dabei mit der Hand den Boden. Die große Metanie ist eine volle Prostratio (sich auf den Boden legen) und dabei mit dem Kopf den Boden berühren.

Gebetsschnüre in anderen Religionen

Gebetsschnüre anderer Religionen sind uns nicht mehr fremd. Zumindest die islamische Gebetsschnur gehört zu unserem Alltag. In der Geschichte der großen Religionen ist die Verwendung einer Gebetsschnur zum Zählen von Wiederholungsgebeten und Formeln vielfach belegt. Im Hinduismus sind Gebetsschnüre seit wenigstens 2000 Jahren bekannt.

Im *Hinduismus* gibt es verschiedene Traditionen. In den beiden großen Strömungen des Shivaismus und Vishnuismus ist die Gebetsschnur bekannt und wird gebraucht. Sie trägt den Namen mala (Kranz, Schnur). Dieser Name wird häufig durch ein „Vorwort" (Präfix) näher gedeutet: rudraksha mala. Dieser Name verweist auf das Material: Früchte des Rudraksha-Baumes, aber enthält noch eine tiefe religiöse Bedeutung. Rudra und Shiva sind Gottheiten, aus deren Tränen der Rudraksha-Baum entstanden ist. Neben der Frucht des Rudraksha-Baumes ist Sandelholz ein bevorzugtes Material. Die Gebetsschnur besteht aus 84 oder 108 Kugeln. In der hinduistischen wie in der buddhistischen Tradition sind 84 und 108 wichtige Zahlen. Sie kommen zustande als Ergebnis von $7 \times 12 = 84$ und $9 \times 12 = 108$. Die 12 bezieht sich auf die zwölf Tierkreiszeichen, die 7 beziehungsweise 9 geht auf die Zahl der sieben existierenden Planeten zurück, zu denen zwei mythische Planeten (Rahu und Ketu) hinzukommen können. Diese Perlenketten dienen zur Rezitation von Mantren (ein Laut, eine Formel oder ein kurzer Text) sowie als Schutz gegen übel wollende Einflüsse.

Im *Buddhismus* ist eine Gebetsschnur vor allem in der größten buddhistischen Richtung (Mahayana = Großes Fahrzeug) verbreitet. Die Gebetsschnur besteht aus 108 Perlen und wird mala genannt – wie im Hinduismus. Buddhistische Lehrinhalte und religiöse Praxis entstanden und entwickelten sich im hinduistischen Umfeld. Bis ins 12. Jahrhundert waren Hindus und Buddhisten in Indien Nachbarn. Mit der Verbreitung buddhistischer religiöser Lebensweisen nach China, Japan, Korea und Tibet wurde der Name mala in die Landessprache übertragen. In Japan ist eine Form mit 112 Perlen üblich. Auch in den anderen Ländern gibt es Abweichungen. An den Perlen der Gebetskette zählen Buddhisten Mantren (Verse, Strophen und Verehrungsformeln) ab.

Im *Islam* ist die Gebetsschnur seit Ende des 6. Jahrhunderts belegt. Nach anderen Angaben wird die Verwendung am Ende des 8. Jahrhunderts datiert. Sie heißt in arabischer Sprache subha und im Türkischen tasbih. Üblicherweise besteht die Gebetsschnur aus 3 × 33 Perlen. Es gibt abweichende Anordnungen. Je 33-mal spricht der Beter „Preis sei Gott", „Lob sei Gott" und „Gott ist groß". Wer es kann, rezitiert auch die 99 schönsten Namen Gottes. Es gibt auch kleinere Gebetsschnüre mit 33 Perlen. Das Material reicht von Dattelkernen, verschiedenen Holzarten, Horn, Kamelknochen, Bernstein und Halbedelsteinen bis zu Edelsteinen. Heute findet man häufig aus Kunststoff gefertigte Gebetsschnüre. Die Gebetsschnur bringt Segen, hat Segenskraft (baraka) (vgl. Martin Baumann, Mala und Lobpreiskette. In: Urs-Beat Frei/Fredy Bühler [Hrsg.], Der Rosenkranz. Bern o. J. [2003], S. 321 – 333).

Teil 2:

Den Rosenkranz beten

Einführung in das Rosenkranzgebet

Ein Rosenkranz besteht in der Regel aus einem Kreuz und 59 Perlen. Jede Perle steht für ein Gebet. Das Kreuz ist der Anfang, dann folgen fünf Perlen. Der eigentliche Kranz, der durch einen Einhänger zusammengehalten wird, umfasst 54 Perlen. Manche Menschen bevorzugen einen „Zehner", das ist die Länge eines Gesätzes. Jeder Rosenkranz hat fünf Gesätze.

Den Rosenkranz beten

Das Kreuz ist das Eingangstor zum Rosenkranzgebet. Das Gebet beginnt mit dem *Kreuzzeichen*:

> Im Namen des Vaters
> und des Sohnes
> und des Heiligen Geistes.
> Amen.

Mit dem Kreuz in der Hand wird das *Apostolische Glaubensbekenntnis* gesprochen:

> Ich glaube an Gott,
> den Vater, den Allmächtigen,
> den Schöpfer des Himmels und der Erde,
> und an Jesus Christus,
> seinen eingeborenen Sohn, unsern Herrn,
> empfangen durch den Heiligen Geist,
> geboren von der Jungfrau Maria,

gelitten unter Pontius Pilatus,
gekreuzigt, gestorben und begraben,
hinabgestiegen in das Reich des Todes,
am dritten Tage auferstanden von den Toten,
aufgefahren in den Himmel;
er sitzt zur Rechten Gottes,
des allmächtigen Vaters;
von dort wird er kommen, zu richten
die Lebenden und die Toten.
Ich glaube an den Heiligen Geist,
die heilige katholische Kirche,
Gemeinschaft der Heiligen,
Vergebung der Sünden,
Auferstehung der Toten
und das ewige Leben.
Amen.

Es folgt an der ersten Perle der *Lobpreis*:

Ehre sei dem Vater und dem Sohn
und dem Heiligen Geist,
wie im Anfang, so auch jetzt
und alle Zeit und in Ewigkeit.
Amen.

Anschließend wird ein *Vaterunser* gebetet:

Vater unser im Himmel,
geheiligt werde dein Name,
dein Reich komme,
dein Wille geschehe

wie im Himmel, so auf Erden.
Unser tägliches Brot gib uns heute
und vergib uns unsere Schuld,
wie auch wir vergeben unseren Schuldigern.
Und führe uns nicht in Versuchung,
sondern erlöse uns von dem Bösen.
Amen.

Bei den folgenden drei Perlen wird jeweils ein *Gegrüßet seist du, Maria* gesprochen mit den *Einschüben:*

Jesus, der den Glauben in uns vermehre
Jesus, der die Hoffnung in uns stärke
Jesus, der die Liebe in uns entzünde

Gegrüßet seist du, Maria,
voll der Gnade, der Herr ist mit dir.
Du bist gebenedeit unter den Frauen
und gebenedeit ist die Frucht deines Leibes,
[Einschub]
Heilige Maria, Mutter Gottes,
bitte für uns Sünder,
jetzt und in der Stunde unseres Todes.

Dieses Gebet um Glaube, Hoffnung und Liebe endet mit dem *Lobpreis „Ehre sei dem Vater ...".*

Mit der fünften Perle wird die Reihe der fünf Gesätze mit einem *Vaterunser* eröffnet.

Jede Reihe von zehn Perlen steht für *zehn „Gegrüßet seist du, Maria".*

Nach dem Namen „Jesus" wird das *Geheimnis des jeweiligen Rosenkranzes* genannt.

Beim glorreichen Rosenkranz lautet zum Beispiel das erste Geheimnis: „… der von den Toten auferstanden ist".

Die Geheimnisse sind beim freudenreichen, lichtreichen, schmerzhaften und glorreichen Rosenkranz ein Geschehnis aus dem Leben Jesu.

Der Name „Geheimnis" will darauf aufmerksam machen, dass die Geschehnisse ganz aus Gott stammen.

Am Ende jedes Gesätzes wird der *Lobpreis* gesprochen und das nächste Geheimnis an der Zwischenperle mit einem *Vaterunser* begonnen.

Der Leben-Jesu-Rosenkranz – Gedanken zur Betrachtung

Der freudenreiche Rosenkranz

Es sind fünf Stationen auf dem Weg der Menschwerdung und aus der Kindheit Jesu. Bilder mit großer Bewegung und einer eigentümlichen Spannung. Freude spricht aus ihnen, aber auch Leid. Es sind Wege weitab von der großen Öffentlichkeit, die aber Großes einleiten. Gottes Plan besteht darin, „alle in Christus zu vereinen" (Eph 1,10).

Der freudenreiche Rosenkranz kann uns an den großen Lebenserfahrungen Mariens teilnehmen lassen: Verkündigung, Begegnung, Geburt, Verlust und Wiederfinden. Dahinter können auch unsere eigenen Erfahrungen auftauchen, von der eigenen Berufung, von heilsamen Begegnungen, von der Geburt Jesu in mir, vom Hingeben, Verlieren und Wiederfinden. „Im Rosenkranz schlägt wirklich der Rhythmus des eigenen Lebens" (Johannes Paul II.).

1. Jesus, den du, o Jungfrau, vom Heiligen Geist empfangen hast

„Im sechsten Monat (gerechnet von der Zeit an, wo Elisabet ihr Kind empfangen hat) wurde der Engel Gabriel von Gott in eine Stadt in Galiläa namens Nazaret zu einer Jungfrau gesandt. Sie war mit einem Mann namens Josef verlobt. Der Name der Jungfrau war Maria" (Lk 1,26 f.).
Die Verkündigung an Maria eröffnet die „Fülle der Zeit" (Gal 4,4). Es ist eine stille Stunde, in der sich das Schicksal der Welt wendet. Das „Ja" eines Menschen bringt die Rettung für alle Menschen.

2. Jesus, den du, o Jungfrau, zu Elisabet getragen hast

„In jenen Tagen machte sich Maria auf den Weg und eilte in eine Stadt im Bergland von Judäa. Sie ging in das Haus und begrüßte Elisabet" (Lk 1,39 f.).
Maria sucht Austausch und Begegnung. Elisabet und Maria scheinen sich gut zu kennen. Sie sind nicht nur

Verwandte. Auch Elisabet erwartet ein Kind. Noch bevor Maria etwas sagen kann, ruft Elisabet: „Gesegnet bist du mehr als alle anderen Frauen, und gesegnet ist die Frucht deines Leibes" (Lk 1,42).

Maria ist bewegt und singt ein Loblied: „Hoch preiset (Magnificat) meine Seele den Herrn" (Lk 1,46).

Was dann folgt, ist ein Lobpreis auf alles, was Gott an ihr getan hat.

Maria bleibt drei Monate, um Elisabeth zu helfen.

3. Jesus, den du, o Jungfrau, geboren hast

„Als sie dort waren, kam für Maria die Zeit ihrer Niederkunft, und sie gebar ihren Sohn, den Erstgeborenen. Sie wickelte ihn in Windeln und legte ihn in eine Krippe, weil in der Herberge kein Platz für sie war" (Lk 2,6f.).

Kaiser Augustus hatte den Befehl gegeben, dass alle Bewohner in ihrer Stadt sich in Steuerlisten eintragen mussten. So wird Betlehem Jesu Geburtsort.

Draußen vor der Stadt wurde er geboren. Er ist der Retter der Menschen, der Heiland der Welt, aber schon hier beginnt sein Leidensweg: „Er kam in sein Eigentum, aber die Seinen nahmen ihn nicht auf" (Joh 1,11).

Aber es gilt auch: „Allen aber, die ihn aufnahmen, gab er Macht, Kinder Gottes zu werden, ..." (Joh 1,12).

Er kommt nicht nur in Betlehem zur Welt, sondern auch in uns.

„Dich, wahren Gott, ich finde in meinem Fleisch und Blut."

4. Jesus, den du, o Jungfrau, im Tempel aufgeopfert hast

„Dann kam für sie der Tag der vom Gesetz des Mose vorgeschriebenen Reinigung. Sie brachten das Kind nach Jerusalem hinauf, um es dem Herrn zu weihen, …" (Lk 2,22).
Der greise Simeon, „vom Geist in den Tempel geführt", nimmt das Kind auf seine Arme und singt ein Loblied:

„Meine Augen haben das Heil gesehen …
ein Licht, das die Heiden erleuchtet …
und Herrlichkeit für dein Volk Israel."

Lk 3,30 ff.

Zum Lobpreis gehört die Ankündigung, dass Jesus ein Zeichen des Widerspruches sein wird. Marias Lebensweg ist ganz damit verbunden: „Dir selbst aber wird ein Schwert durch die Seele dringen" (Lk 2,35).

5. Jesus, den du, o Jungfrau, im Tempel wiedergefunden hast

„Die Eltern Jesu gingen jedes Jahr zum Paschafest nach Jerusalem" (Lk 2,41).
Als Jesus zwölf Jahre alt war, nahmen sie ihn mit. Auf dem Heimweg merkten sie, dass er nicht mitgekommen war. Sie gingen nach Jerusalem zurück und fanden ihn nach drei Tagen im Tempel.

Und dann Jesu merkwürdiges Wort: „Warum habt ihr mich gesucht? Wusstet ihr nicht, dass ich in dem sein muss, was meinem Vater gehört?" (Lk 2,49).

Das sind die ersten Worte Jesu, die die Heilige Schrift aufgezeichnet hat. Dann folgen 18 Jahre der Stille. Kein Wort von ihm. Die längste Zeit liegt Schweigen über seinem Weg. Maria zeigt, wie man damit weiterkommt: „Seine Mutter bewahrte alles, was geschehen war, in ihrem Herzen" (Lk 2,51).

Der lichtreiche Rosenkranz

Der Weg des lichtreichen Rosenkranzes führt vom Jordan bis nach Jerusalem, durch Kana, über die Straßen Galiläas, auf den Berg der Verklärung und nach Jerusalem in den Abendmahlssaal. Es ist die Zeit des öffentlichen Wirkens Jesu. Die Orte können wir aufsuchen, wenn wir im Heiligen Land sind. Es sind fünf bedeutungsvolle Momente, die uns Jesus als das „Licht der Welt" (Joh 8,12) schauen lassen.

Papst Johannes Paul II. hatte diese Gesätze im Jahr 2002 eingeführt. Er schrieb dazu: „Wenn wir von der Kindheit und dem Leben in Nazareth zum öffentlichen Wirken Jesu übergehen, führt uns die Betrachtung zu jenen Geheimnissen, die in besonderer Weise ‚Geheimnisse des Lichtes' genannt werden können. Tatsächlich ist das ganze Geheimnis Christi Licht" (Johannes Paul II., Der Rosenkranz der Jungfrau Maria [Rosarium Virginis Mariae = RVM], Nr. 21).

Jedes dieser Geheimnisse ist Offenbarung des Reiches, das in der Person Jesu Christi schon eingetroffen ist (Johannes Paul II.).

1. Jesus, der von Johannes getauft worden ist

„Die Taufe im Jordan ist ganz besonders ein Geheimnis des Lichtes. Während Jesus Christus, der Unschuldige, der sich für uns zur ‚Sünde' macht (vgl. 2 Kor 5,21), in die Wasser des Flusses hinabsteigt, öffnet sich der Himmel und der Vater proklamiert ihn als seinen geliebten Sohn" (Johannes Paul II., RVM Nr. 21).

Im Evangelium lesen wir:

„In jenen Tagen kam Jesus aus Nazaret in Galiläa und ließ sich von Johannes im Jordan taufen. Und als er aus dem Wasser stieg, sah er, dass der Himmel sich öffnete und der Geist wie eine Taube auf ihn herabkam. Und eine Stimme aus dem Himmel sprach: ‚Du bist mein geliebter Sohn, an dir habe ich Gefallen gefunden.'" (Mk 1,9–11).

„Du bist mein geliebter Sohn" – das Wort gilt auch uns und kann Leben verändern.

2. Jesus, der sich bei der Hochzeit zu Kana offenbart hat

„Der Beginn der Zeichen Christi in Kana (vgl. Joh 2,1–12) ist Geheimnis des Lichtes, wo er das Wasser in Wein verwandelt und auf die Fürsprache Marias hin, der ersten aller Glaubenden, das Herz der Jünger für den Glauben öffnet. ... Die ihr [Maria] in Kana zugefallene Aufgabe begleitet ... in gewisser Weise den ganzen Weg Jesu." Ihr Zeugnis für Jesus findet in Kana Ausdruck in der „großen mütterlichen Ermahnung, die Maria an die Kirche aller Zeiten richtet: ‚Was er euch sagt, das tut!' (Joh 2,5)" (Johannes Paul II., RVM Nr. 21).

Im Evangelium lesen wir:

„So tat Jesus sein erstes Zeichen, in Kana in Galiläa, und offenbarte seine Herrlichkeit, und seine Jünger glaubten an ihn" (Joh 2,11).

Dieses erste Wunder führte Jesus und seine Jünger tiefer zusammen. Sie glaubten an ihn.

3. Jesus, der uns das Reich Gottes verkündet hat

„Geheimnis des Lichtes ist die Predigt, mit der Jesus das Kommen des Reiches Gottes ankündigt und zur Bekehrung aufruft (vgl. Mk 1,15), indem er denen die Sünden nachlässt, die sich ihm mit demütigem Vertrauen nähern (vgl. Mk 2,3–13; Lk 7,47–48)" (Johannes Paul II., RVM Nr. 21).

Im Evangelium lesen wir:

„Jesus verkündete das Evangelium Gottes und sprach: Die Zeit ist erfüllt, das Reich Gottes ist nahe. Kehrt um und glaubt an das Evangelium" (Mk 1,14bf.).

Das Evangelium stellt die Welt in ein neues Licht und eröffnet unserem Leben neue Wege.

4. Jesus, der auf dem Berg verklärt worden ist

„Geheimnis des Lichtes schlechthin ist die Verklärung, die sich nach der Überlieferung auf dem Berg Tabor ereignet hat. Auf dem Antlitz Christi erstrahlt göttliche Glorie" (Johannes Paul II., RVM Nr. 21).
„Da rief eine Stimme aus der Wolke: Das ist mein auserwählter Sohn, auf ihn sollt ihr hören" (Lk 9,35).
Im Evangelium lesen wir:
„Sechs Tage danach nahm Jesus Petrus, Jakobus und dessen Bruder Johannes beiseite und führte sie auf einen hohen Berg. Und er wurde vor ihren Augen verwandelt, sein Gesicht leuchtete wie die Sonne, und seine Kleider wurden blendend weiß wie das Licht" (Mt 17,1 f.).
Die Verklärung Jesu ist ein Ostersignal. Sie lässt das Licht von oben für einen Augenblick in unser Leben kommen.

5. Jesus, der uns die Eucharistie geschenkt hat

„Geheimnis des Lichtes ist schließlich die Einsetzung der Eucharistie, in der Christus sich mit seinem Leib und seinem Blut unter den Gestalten von Brot und Wein zur Speise gibt und so der Menschheit seine Liebe ‚bis zur Vollendung' erweist (Joh 13,1), zum Heil derselben er sich im Opfer darbringt" (Johannes Paul II., RVM Nr. 21).
Der Apostel Paulus schreibt im ersten Korintherbrief:
„Denn ich habe vom Herrn empfangen, was ich euch dann überliefert habe: Jesus, der Herr, nahm in der Nacht, in der er ausgeliefert wurde, Brot, sprach das

Dankgebet, brach das Brot und sagte: ‚Das ist mein Leib für euch. Tut dies zu meinem Gedächtnis!' Ebenso nahm er nach dem Mahl den Kelch und sprach: ‚Dieser Kelch ist der Neue Bund in meinem Blut. Tut dies, sooft ihr daraus trinkt, zu meinem Gedächtnis!'" (1 Kor 11,23–25).

Eucharistie ist Lebensmitte und Lebensmittel für den Christen. Empfangen, verweilen und anbeten ist der Weg, daraus zu leben.

Der schmerzhafte Rosenkranz

Die fünf Gesätze zeigen die letzten Stunden im Leben Jesu. Von Getsemani nach Golgota führt der Weg. Es sind Szenen tiefer Einsamkeit, die um Jesu Leiden liegen. Und es sind Bilder unserer Erlösung. Die Heilsbedeutung des Leidensweges wird in jedem Gesätz ausgesprochen: „der für uns …".

In die Leidenserfahrung Jesu können wir auch unsere eigenen Leidenserfahrungen und unsere Glaubensnot „hineinbeten".

1. Jesus, der für uns Blut geschwitzt hat

Es war Gründonnerstag nach dem Abendmahl. „Jesus ging mit seinen Jüngern über den Kedronbach hinüber" (Joh 18,1), „wie er es gewohnt war, zum Ölberg" (Lk 22,39). Er sagte zu seinen Jüngern: „Setzt euch und wartet hier, während ich dort bete" (Mt 26,36). „Er nahm Petrus, Jakobus und Johannes mit. Da ergriff ihn

Furcht und Angst" (Mk 14,33). „Sein Schweiß war wie Blut, das auf die Erde tropfte" (Lk 22,44).

Die Freunde aber schlafen. Es ist ein schwerer und einsamer Kampf bis zu dem tiefen Ja-Wort: „Nicht, was ich will, sondern was du willst soll geschehen" (Mk 14,36).

Obwohl die engsten Freunde ganz nahe sind, bleibt Jesus allein. Er betet, sie schlafen.

2. Jesus, der für uns ist gegeißelt worden

Der Herr ist ein Gefangener. Ausgeliefert. Die Hände sind ihm gebunden. Andere bestimmen. Ein kurzer Satz im Johannesevangelium spricht davon: „Darauf ließ Pilatus Jesus geißeln" (Joh 19,1).

Tiefe Erniedrigung und wieder – inmitten der wütenden Volksmenge – in großer Einsamkeit: Jesus.

Geißelung – da muss man wissen, dass nicht selten einer unter dieser Strafe starb.

3. Jesus, der für uns mit Dornen gekrönt worden ist

Er ist den Soldaten ausgeliefert. Sie wissen, dass er angeklagt ist, die Königswürde beansprucht zu haben. Und sie treiben ihren Spott mit ihm. „Dann flochten sie einen Kranz aus Dornen ... und verhöhnten ihn" (Mt 27,29).

Er trägt einen purpurroten Mantel, in der Hand einen Stock als Zepter. Ein Bild des Jammers. Einsam steht er da. Für uns geht er diesen Weg.

4. Jesus, der für uns das schwere Kreuz getragen hat

Im Johannesevangelium steht: „Er trug sein Kreuz und ging hinaus zur sogenannten Schädelstätte" (Joh 19,17). Tragen und hinausgehen. Warum das alles? Die Antwort können wir nicht finden. Jesus selbst hat sie gegeben: „Das ist mein Leib, der für euch hingegeben wird ... Dieser Kelch ist der Neue Bund in meinem Blut, das für euch vergossen wird" (Lk 22,19f.).
Paulus schreibt: „Er hat seinen eigenen Sohn nicht verschont, sondern ihn für uns alle hingegeben" (Röm 8,32). „Einer für alle" (vgl. 2 Kor 5,14). So läuft der Kreuzweg. Trotz all der Menschen ein einsamer Weg.

5. Jesus, der für uns gekreuzigt worden ist

Durch seinen Tod sind wir erlöst. Durch Jesu Tod ist die Welt neu erschaffen, die Sünde überwunden. Der Mensch hat wieder Zukunft. Jesu letzte Worte sind: „Es ist vollbracht" (Joh 19,30).
Davon redet das ganze fünfte Geheimnis. Aus seinem Tod geht die neue Schöpfung hervor. Der neue Himmel und die neue Erde, die kommen werden. Sie kommen aus dieser Stunde, wo er für uns stirbt.

Der glorreiche Rosenkranz

Von der Herrlichkeit, die hinter dem Dunkel des Todes liegt, spricht der glorreiche Rosenkranz. In Christus sind wir neue Schöpfung (2 Kor 5,17). Durch Jesu Tod und Auferstehung wissen wir endgültig, wer Gott ist: der Gott, der die Toten lebendig macht (vgl. Röm 5,17). Unsere Zukunft hat begonnen. In der Geheimen Offenbarung wird diese Zukunft beschrieben:

„Er wird in ihrer Mitte wohnen, und sie werden sein Volk sein; und er, Gott, wird bei ihnen sein. Er wird alle Tränen von ihren Augen abwischen: Der Tod wird nicht mehr sein, keine Trauer, keine Klage, keine Mühsal" (Offb 21,3f.).

Nähe wächst aus der Begegnung und Beziehung führt zur Erkenntnis. Nähe und Beziehung können aus der Betrachtung der Geheimnisse des glorreichen Rosenkranzes entstehen.

1. Jesus, der von den Toten auferstanden ist

In den Evangelien gehören zur Ostererfahrung das Fragen und die Trauer, das Suchen und das Zweifeln der Jünger und Jüngerinnen Jesu. Der Auferstandene muss sich sehen lassen und Begegnung sich ereignen. Dann kann es kommen wie in Emmaus: „Da gingen ihnen die Augen auf, und sie erkannten ihn" (Lk 24,31).

Es erkennen und finden ihn die, die eine Beziehung zu Jesus haben. So war das damals, so geht das auch heute.

„Ostern ist das große Angebot Gottes, den Horizont meines Lebens zu weiten bis hin in das neue Leben der Auferstehungswirklichkeit, die Gegenwart und Zukunft umfasst" (Erzbischof Werner Thissen).

2. Jesus, der in den Himmel aufgefahren ist

Himmel ist der Bereich Gottes. Dahin ist Jesus zurückgekehrt. Er nimmt seine Jünger mit in die Nähe von Betanien (Lk 24,51). Dort „wurde er vor ihren Augen emporgehoben, und eine Wolke nahm ihn auf und entzog ihn ihren Blicken" (Apg 1,9).
Die Himmelfahrt ist nicht Verabschiedung des Herrn. Er wird wiederkommen, um alles zu vollenden. Er wird den Heiligen Geist senden und so in neuer Weise bei den Menschen bleiben.
„Er tritt aus der Geschichte hinaus in den Bereich der Vollendung" (Romano Guardini).

3. Jesus, der uns den Heiligen Geist gesandt hat

Im Evangelium nach Johannes sagt uns Jesus: „Ich werde euch nicht als Waisen zurücklassen" (Joh 14,18).
Im Pfingstbericht steht: „Alle wurden mit dem Heiligen Geist erfüllt" (Apg 2,4).
So geht das bis heute. Er lebt in seiner Kirche. Durch Taufe und Firmung haben wir Anteil an ihm. Es ist eine Nähe, die nicht mehr an Raum und Zeit gebunden ist. Der Heilige Geist verwandelt Menschen. Er schenkt uns die Gewissheit, dass wir Kinder Gottes sind. Er lebt in uns und wir sollen andere zum Leben bringen. Der Heilige Geist ist es, der den Glauben wirkt.

4. Jesus, der dich, o Jungfrau, in den Himmel aufgenommen hat

Wir schauen unsere Zukunft. Wir können erfahren, dass jeder Mensch, der Gott in sein Leben aufnimmt, am Lebensende von Gott aufgenommen wird. Die Ewigkeit beginnt in diesem Leben. Durch Jesu Auferstehung erfährt der Mensch seine letzte Bestimmung. Jesus hat in seine Auferstehung und Himmelfahrt sein ganzes irdisches Leben mitgenommen.

In Maria haben wir den Menschen vor uns, in dem unsere Zukunft bereits Wirklichkeit geworden ist. Maria ist für uns „Zeichen der Hoffnung und des Trostes". In diesem Gesätz können wir schauen, wie Gott den Menschen sieht.

5. Jesus, der dich, o Jungfrau, im Himmel gekrönt hat

Die Krönung Mariens ist ein Bild für Vollendung. Alles hat sich erfüllt. Maria ist den Lebensweg Jesu mitgegangen vom ersten Augenblick an. So wird ihr jetzt Anteil an seiner Herrlichkeit gegeben. Krönender Abschluss! Im irdischen Leben war sie die Magd des Herrn, jetzt ist sie die Himmelskönigin. „Im Himmel gekrönt", das heißt, mit dem ganzen Reichtum, den der Himmel birgt, ist sie beschenkt.

Maria, Königin,
Mutter und Helferin,
Maria, salve!

Jesus, den wir gesucht,
ihn, deines Leibes Frucht,
dereinst uns zeige.

Gottteslob Nr. 572 aus Strophe 1 und 3

Der trostreiche Rosenkranz

Die Blickrichtung ist eine andere als in den Rosenkranzgeheimnissen, die wir bislang betrachtet haben. Wir schauen auf den Herrn, der in seiner Vollendung bei seiner Kirche bleibt, der wiederkommt und Gericht halten wird und alle in die Vollendung führt. Der letzte Satz im Glaubensbekenntnis spricht davon. „Wir erwarten die Auferstehung der Toten und das Leben der kommenden Welt." Es sind die „Letzten Dinge", die wir betrachten.

Wenn wir die Geheimnisse des trostreichen Rosenkranzes meditieren, ahnen wir vielleicht, „dass das christliche Denken kein Ablauf eines Weltprozesses ist oder eine geschichtliche Notwendigkeit, sondern ein freies Tun Gottes" (Romano Guardini).

Der trostreiche Rosenkranz ist um 1940 in Deutschland entstanden. Im „Gotteslob", dem katholischen Gebet- und Gesangbuch, ist er als vierter Rosenkranz aufgeführt.

1. Jesus, der als König herrscht

„Siehe, dein König kommt zu dir" (Sach 9,9). Das behält Gültigkeit. In seinem irdischen Leben hat Jesus Kranke geheilt, Hungrige gespeist, Ausgestoßene in die Gemeinschaft zurückgeholt, Sündern Vergebung geschenkt, den Seesturm gestillt. Das war und ist seine Königsherrschaft.

Er hat sich nicht nur mit den Armen solidarisiert, er identifizierte sich mit ihnen: „Was ihr für einen meiner Geringsten getan habt, das habt ihr mir getan" (Mt 25,40).

Das war sein „Regierungsprogramm". So lebt er unter uns als König aller Zeiten.

2. Jesus, der in seiner Kirche lebt und herrscht

„Seid gewiss: Ich bin bei euch alle Tage bis zum Ende der Welt" (Mt 28,20).

Das gilt für die Kirche zu jeder Zeit. Und wir können noch zeigen, wie er es wahr macht. Wer das Evangelium als Wegbeschreibung für sein Leben liest, kann für die Kirche und für sich in der Emmausgeschichte entdecken, wie er mit uns lebt. „Da kam Jesus hinzu und ging mit ihnen" (Lk 24,15). Einige Verse weiter heißt es: „Da ging er mit hinein, um zu bleiben" (Lk 24,29). Er geht mit uns, er bleibt bei uns.

Und wie sieht seine Herrschaft aus? Im Johannesevangelium steht: „Ihr sagt zu mir Meister und Herr, und ihr nennt mich mit Recht so. Wenn nun ich, der Meister und Herr, euch die Füße gewaschen habe, dann müsst auch ihr einander die Füße waschen" (Joh 13,13f.).

3. Jesus, der wiederkommen wird in Herrlichkeit

„Dann wird man den Menschensohn mit großer Macht und Herrlichkeit auf Wolken kommen sehen" (Mk 13,26).
Das Glaubensbekenntnis hält es lebendig: „Er wird wiederkommen in Herrlichkeit."
In den Anfängen der Kirche waren die Christen vom baldigen Wiederkommen des Herrn erfüllt. Dieses Kommen gehört zum Glaubensbewusstsein und kann durch die Betrachtung lebendig gehalten werden. Es gehört zum Glaubensleben, dass Jesus Christus einmal der Zeit ihr Ende setzen wird. Das Ende ist zugleich Anfang. Wir warten „auf die selige Erfüllung unserer Hoffnung: auf das Erscheinen der Herrlichkeit unseres großen Gottes und Retters Jesus" (Titus 2,13).

4. Jesus, der richten wird die Lebenden und die Toten

„Und alle Völker werden vor ihm zusammengerufen werden, und er wird sie voneinander scheiden, wie der Hirte die Schafe von den Böcken scheidet" (Mt 25,32).
Der Gedanke an das Gericht ist heute im Glaubensbewusstsein vieler Christen nicht lebendig. Das Gericht erinnert daran, dass am Ende nicht alles glatt aufgeht. Am Ende steht vielmehr die endgültige Scheidung des

Guten vom Bösen. Das macht den Ernst der Entscheidung im Heute aus.

Auf der anderen Seite drückt sich im Gerichtsgedanken auch verheißungsvoll aus, dass vor Gott alle Menschen gleich sind. Allen, die Unrecht leiden, ist eine unverlierbare Hoffnung zugesagt. Für alle Menschen gilt, die Ewigkeit beginnt im Heute und wir haben Verantwortung für die Gegenwart.

5. Jesus, der alles neu macht

„Ich sah die heilige Stadt, das neue Jerusalem, von Gott her aus dem Himmel herabkommen … Da hörte ich eine laute Stimme vom Thron her rufen: Seht, die Wohnung Gottes unter den Menschen! Er wird in ihrer Mitte wohnen und sie werden sein Volk sein; und er, Gott, wird bei ihnen sein. Er wird alle Tränen von ihren Augen abwischen: Der Tod wird nicht mehr sein, keine Trauer, keine Klage, keine Mühsal. Denn das, was früher war, ist vergangen" (Offb 21,2–4).

Wir können es auch ganz kurz fassen: „Gott alles und in allem" (1 Kor 15,28).

Ein großes Bild voller Leben. Keine Zerstörung. Das Ende ist wirklich Vollendung.

Der Lese-Rosenkranz

Die Erforschung der Geschichte des Rosenkranzgebetes zeigt, dass es viele und variable Formen unseres heutigen Gebetes gegeben hat, die sich neben der üblichen Betweise gehalten haben oder wieder neu belebt werden. Eine Weise ist, dass zu jedem Ave-Maria ein eigener Betrachtungssatz genannt wurde. Der Vorbeter brauchte dazu den Text. Deshalb wurde diese Form auch „Lese-Rosenkranz" genannt.

Solche reichhaltigen Fassungen leben weiter, zum Beispiel in alten Wallfahrtsbüchern. (Im Gebetbuch der St. Matthias-Bruderschaft wird der „Goldene Rosenkranz" überliefert. Das Buch wird heute noch von den Benediktinern der Abtei St. Matthias herausgegeben.)

In den vergangenen Jahren ist diese alte Tradition immer wieder aufgegriffen worden. Erzbischof em. Dr. Ludwig Averkamp, Hamburg, hat vor Jahren ein kleines Büchlein herausgebracht: „Ein betrachtender Rosenkranz". Die Betrachtung des einzelnen Gesätzes wird in zehn Sätzen aufgelöst, die im „Ave Maria" nach dem Namen „Jesus" eingefügt werden. Erzbischof Dr. Averkamp hat mir gestattet, seine Texte in den vier Rosenkranzzyklen (einschließlich des trostreichen Rosenkranzes) zu übernehmen. Den lichtreichen Rosenkranz habe ich angefügt.

Für das gemeinsame Beten schlägt er vor, dass der Vorbeter die Anregung „Zur Besinnung" vorträgt, wonach das Gesätz in gewohnter Weise folgt; eine andere Möglichkeit ist, dass der Vorbeter das Gesätz in die zehn angeführten Einzelsätze aufgliedert.

Die freudenreichen Geheimnisse

Das erste Gesätz

Zur Besinnung:
Unsere Erlösung entspringt in den Tiefen der Liebe Gottes. Der einzige Sohn, aus Gott geboren vor aller Zeit, steigt vom Himmel zu uns herab. Er verbündet sich mit uns und nimmt unsere Knechtsgestalt an. Er wird ein Menschenkind im Schoß der Jungfrau Maria. Er liefert sich ganz ihrer Liebe aus.

1. Jesus, den du, o Jungfrau, vom Heiligen Geist empfangen hast
2. Jesus, der aus Gott geboren ist vor aller Zeit
3. Jesus, der vom Himmel zu uns herabgestiegen ist
4. Jesus, der dich zu seiner Mutter gewählt hat
5. Jesus, der um deine Bereitschaft nachgesucht hat
6. Jesus, der als ewiges Wort in dir Fleisch geworden ist
7. Jesus, der sich ganz deiner Liebe anvertraut hat
8. Jesus, der unsere Knechtsgestalt angenommen hat
9. Jesus, der in allem uns gleich geworden ist außer der Sünde
10. Jesus, in dem sich Gott mit uns verbündet hat

Das zweite Gesätz

Zur Besinnung:
Maria trägt Jesus in ihrem Leib und in ihrem Herzen. Jesu Liebe steckt an. Maria wird hellhörig für die Nöte

und Bedürfnisse anderer. Sie eilt, um Elisabet zu hel-
fen und die Freude mit ihr zu teilen. Sie singt das
Magnifikat, das Preis- und Danklied aller Erlösten und
Begnadeten.

1. Jesus, den du, o Jungfrau, zu Elisabet getragen hast
2. Jesus, den du allein zu tragen würdig warst
3. Jesus, den du im Leib und im Herzen getragen hast
4. Jesus, der dich ganz mit Liebe erfüllt hat
5. Jesus, der dich für die Nöte anderer hellhörig gemacht hat
6. Jesus, der dich zu Elisabet eilen ließ
7. Jesus, der Freude in das Haus des Zacharias gebracht hat
8. Jesus, der in dir den Jubel des Magnifikat erweckt hat
9. Jesus, der die Niedrigen erhöht
10. Jesus, der die Hungernden sättigt

Das dritte Gesätz

Zur Besinnung:
Jesus wird in einem Stall geboren. Er teilt das Los der
Armen. Er wird einer von uns. Und doch ist er der
Retter der Welt. Er kommt, Israel von seinen Sünden
zu erlösen. Er fängt an, den Frieden vom Himmel auf
die Erde zu bringen.

1. Jesus; den du, o Jungfrau, geboren hast
2. Jesus, für den in der Herberge kein Platz war

3. Jesus, den du in einem Stall zur Welt gebracht hast
4. Jesus, den du in eine Krippe gelegt hast
5. Jesus, der das Los der Armen geteilt hat
6. Jesus, der einer von uns geworden ist
7. Jesus, in dem Gott in seiner ganzen Fülle wohnt
8. Jesus, der als Retter der Welt erschienen ist
9. Jesus, der kam, Israel aus seinen Sünden zu erlösen
10. Jesus, der den Frieden in die Welt gebracht hat

Das vierte Gesätz

Zur Besinnung:
Jesus ist die Opfergabe, mit der Maria ihr ganzes Wesen an Gott verschenkt. Uns ist dieselbe heilige Opfergabe gegeben. Wir sollen mit ihm Herz und Leben in die Hände des Vaters legen. Jesus ist das Opferlamm des Neuen Bundes. Von ihm kommen die Rettung Israels und das Heil aller Völker.

1. Jesus, den du, o Jungfrau, im Tempel aufgeopfert hast
2. Jesus, der im Tempel deine Opfergabe war
3. Jesus, der kam als wahres Opferlamm des Neuen Bundes
4. Jesus, der auch unsere heilige Opfergabe ist
5. Jesus, mit dem wir uns an Gott verschenken
6. Jesus, in dem Simeon seinen Frieden gefunden hat
7. Jesus, in dem die Rettung Israels nahte
8. Jesus, der als das Heil aller Völker erschien

9. Jesus, der als Zeichen des Widerspruchs gekommen ist

10. Jesus, mit dem alle Schmerzen zu teilen du bereit warst

Das fünfte Gesätz

Zur Besinnung:
Jesus bleibt im Haus des Vaters zurück. Seine Worte und Taten sind voller Überraschungen. Maria versteht sie nicht. Aber sie harrt geduldig aus im Unbegreiflichen: Sie lässt Jesu Wege größer sein als ihr Verstehen, bewahrt sie im Herzen und erwägt sie im Gebet. So hoch der Himmel über der Erde ist, so hoch sind Jesu Gedanken und Wege über unseren Gedanken und Wegen.

1. Jesus, den du, o Jungfrau, im Tempel wiedergefunden hast
2. Jesus, mit dem du nach Jerusalem gepilgert bist
3. Jesus, mit dem du im Tempel gebetet hast
4. Jesus, der im Haus des Vaters geblieben ist
5. Jesus, den du mit Sorgen gesucht hast
6. Jesus, der mitten unter den Lehrern saß
7. Jesus, über den die Zuhörer staunten
8. Jesus, dem der Wille des Vaters über alles ging
9. Jesus, den du nicht verstanden hast
10. Jesus, dessen Worte und Taten du im Herzen bewahrt hast

Die lichtreichen Geheimnisse

Das erste Gesätz

„Und es begab sich in jenen Tagen, dass Jesus aus Nazaret in Galiläa kam und sich von Johannes im Jordan taufen ließ" (Mk 1,9).

1. Jesus, der von Johannes getauft worden ist
2. Jesus, der zu uns kam in der Fülle der Zeit
3. Jesus, dem zu dienen Johannes nicht würdig war
4. Jesus, der alle Gerechtigkeit erfüllte
5. Jesus, der von Johannes die Taufe empfing
6. Jesus, über dem sich der Himmel auftat
7. Jesus, auf den herabkam der Heilige Geist
8. Jesus, den der Vater als geliebten Sohn bezeugte
9. Jesus, den Johannes als Sohn Gottes bezeugte
10. Jesus, der als Sohn Gottes unser Bruder wurde
(Mt 3,13–17; Mk 1,9–11; Lk 3,21–22; Joh 1,29–34)

Das zweite Gesätz

„So tat Jesus seine ersten Zeichen, in Kana in Galiläa, und offenbarte seine Herrlichkeit, und seine Jünger glaubten an ihn" (Joh 2,11).

1. Jesus, der sich bei der Hochzeit in Kana offenbart hat
2. Jesus, der mit Maria unter den Hochzeitsgästen war
3. Jesus, den Maria um Wein bat

4. Jesus, von dem Maria bekennt: Alles, was er euch sagt, das tut
5. Jesus, der zu den Dienern sprach: Füllt die Krüge mit Wasser
6. Jesus, der das Wasser in guten Wein verwandelte
7. Jesus, der die Festfreude mehrte
8. Jesus, der so sein erstes Zeichen wirkte
9. Jesus, der seine Herrlichkeit kundtat
10. Jesus, dem seine Jünger glaubten
(Joh 2,1 – 12)

Das dritte Gesätz

„Jesus predigte das Evangelium Gottes und sprach: Die Zeit ist erfüllt, das Reich Gottes ist nahe. Kehrt um und glaubt an das Evangelium" (Mk 1,14b f.).

1. Jesus, der das Reich Gottes verkündigt hat
2. Jesus, der uns zuruft: Die Zeit ist erfüllt
3. Jesus, der verkündet: Das Reich Gottes ist nahe
4. Jesus, der zur Buße aufruft
5. Jesus, der sagt: Glaubt an das Evangelium
6. Jesus, der in den Synagogen lehrte
7. Jesus, der von den Menschen gepriesen wurde
8. Jesus, auf dem der Geist Gottes ruht
9. Jesus, durch den wir Anteil am Leben haben
10. Jesus, der bei uns bleibt
(Mk 1,14 – 15; Lk 4,14 – 15)

Das vierte Gesätz

„Sechs Tage danach nahm Jesus Petrus, Jakobus und dessen Bruder Johannes beiseite und führte sie auf einen hohen Berg, und er wurde vor ihren Augen verwandelt" (Mt 17,1 f.).

1. Jesus, der auf dem Berg verklärt worden ist
2. Jesus, dessen Antlitz leuchtete wie die Sonne
3. Jesus, dessen Kleider weiß wurden wie das Licht
4. Jesus, mit dem Elia und Mose redeten
5. Jesus, den eine Wolke überschattete
6. Jesus, von dem der Vater Zeugnis gab
7. Jesus, den der Vater „mein geliebter Sohn" nannte
8. Jesus, der das Licht ist am dunklen Ort
9. Jesus, dessen Herrlichkeit wir schauten
10. Jesus, der nach Jerusalem weiterging
(Mt 17,1–8; Mk 9,2–8; Lk 9,28–36; Joh 1,14)

Das fünfte Gesätz

„Und er nahm Brot, sprach das Dankgebet, brach das Brot und reichte es ihnen mit den Worten: Das ist mein Leib, der für euch hingegeben wird. Tut dies zu meinem Gedächtnis! Ebenso nahm er nach dem Mahl den Kelch und sagte: Dieser Kelch ist der Neue Bund in meinem Blut, das für euch vergossen wird" (Lk 22,19–20).

1. Jesus, der uns die Eucharistie geschenkt hat
2. Jesus, der mit seinen Jüngern im Abendmahlssaal versammelt war

3. Jesus, der über das Brot sprach: Das ist mein Leib
4. Jesus, der über dem Kelch sprach: Das ist mein Blut
5. Jesus, der den Auftrag gab: Tut dies zu meinem Gedächtnis
6. Jesus, der seine große Liebe mit dem Tod besiegelt hat
7. Jesus, der mit seinem Blut den Bund errichtet hat
8. Jesus, der uns das Brot des Lebens reicht
9. Jesus, der die Speise unseres Lebens ist
10. Jesus, der in uns bleibt und wir in ihm

(Mt 26,26–29; Mk 14,22–25; Lk 22,15–20)

Die schmerzhaften Geheimnisse

Das erste Gesätz

Zur Besinnung:
Jesus geht mit offenen Augen in sein Leiden und Sterben. Er sagt ein freies Ja zu unserer Erlösung. Für uns erträgt er Alleingelassensein und Verrat. Er selbst gibt sich in die Hände der Häscher.

1. Jesus, der für uns Blut geschwitzt hat
2. Jesus, der zu unserer Erlösung Ja gesagt hat
3. Jesus, der den Kelch des Leidens angenommen hat
4. Jesus, der Todesängste auf sich genommen hat
5. Jesus, der in seiner Not zum Vater gebetet hat
6. Jesus, der bei den Jüngern vergeblich Trost gesucht hat

7. Jesus, den Judas mit einem Kuss verraten hat
8. Jesus, der den Verräter seinen Freund genannt hat
9. Jesus, der die Fesseln unserer Schuld getragen hat
10. Jesus, der von allen verlassen worden ist

Das zweite Gesätz

Zur Besinnung:
Jesus wird von den Soldaten gegeißelt. Es sind unsere Sünden, die als Schläge auf seinen Rücken fallen. Durch seine Wunden werden wir geheilt. Jesus tut zuerst, was er dann auch von den Seinen erwartet: Bosheit durch Güte zu besiegen.

1. Jesus, der für uns gegeißelt worden ist
2. Jesus, an dem Pilatus keine Schuld gefunden hat
3. Jesus, der seinen Rücken den Schlägen dargeboten hat
4. Jesus, der alle Qual der Menschen geteilt hat
5. Jesus, an dem nicht Gestalt noch Schönheit war
6. Jesus, den unsere Sünden geschlagen haben
7. Jesus, der seinen Mund nicht aufgetan hat
8. Jesus, der nicht an Rache und Vergeltung gedacht hat
9. Jesus, der die Bosheit durch Güte besiegt hat
10. Jesus, durch dessen Wunden wir geheilt worden sind

Das dritte Gesätz

Zur Besinnung:
Jesus ist der wahre König Israels. Er lässt es gesche-
hen, dass man einen Spottkönig aus ihm macht. Er
trägt alle Erniedrigung der Menschen. Er nimmt unser
Todesurteil auf sich. Die Liebe tut solche Dinge.

1. Jesus, der für uns mit Dornen gekrönt worden ist
2. Jesus, der sich vor Pilatus als König bekannt hat
3. Jesus, der auf die Macht dieser Welt verzichtet hat
4. Jesus, der sich die Spottkrone aufsetzen ließ
5. Jesus, der sich den Spottmantel umhängen ließ
6. Jesus, der sein Gesicht vor den Schlägen nicht verbarg
7. Jesus, der sich dem Hass der Menge aussetzen ließ
8. Jesus, der alle Erniedrigung der Menschen getragen hat
9. Jesus, der vor dem ungerechten Richter geschwiegen hat
10. Jesus, der für uns das Todesurteil auf sich genommen hat

Das vierte Gesätz

Zur Besinnung:
Jesus lässt sich mit dem Kreuz das Joch unserer Sün-
den aufladen. Diese Last ist unerträglich. Jesus will
nicht, dass wir darunter zusammenbrechen. Lieber op-
fert er sich selbst. Er macht das Kreuz zum Baum des

Lebens. Er verwandelt die Kreuze der Menschen in Zeichen des Heils.

1. Jesus, der für uns das schwere Kreuz getragen hat
2. Jesus, der für uns den Verbrechern zugezählt worden ist
3. Jesus, der mit dem Kreuz das Joch unserer Sünden auf sich genommen hat
4. Jesus, der unter der Last unserer Schuld zusammengebrochen ist
5. Jesus, der für uns den schweren Weg weitergegangen ist
6. Jesus, dessen Leid dir wie ein Schwert durch die Seele fuhr
7. Jesus, der Simon von Zyrene teilnehmen ließ an seinem Werk der Erlösung
8. Jesus, der allen Mühseligen und Beladenen vorangegangen ist
9. Jesus, der das Kreuz zum Baum des Lebens gemacht hat
10. Jesus, der unsere Kreuze in Zeichen des Heils verwandelt hat

Das fünfte Gesätz

Zur Besinnung:
Jesus wird mit Nägeln ans Kreuz geschlagen: Er breitet seine Arme nach uns aus. Jesus hängt einsam zwischen Himmel und Erde: Er nimmt unsere Gottverlassenheit auf sich. Jesus wird gerichtet wie ein Verbrecher: Er sühnt unsere Schuld. Jesus erlei-

det den bitteren Tod: Er schließt uns das Tor zum
Himmel auf.

1. Jesus, der für uns gekreuzigt worden ist
2. Jesus, der die Armut und Blöße unserer Sünden auf sich genommen hat
3. Jesus, der mit Nägeln ans Kreuz geschlagen worden ist
4. Jesus, der für seine Henker zum Vater gebetet hat
5. Jesus, der am Kreuz die Arme nach uns ausgebreitet hat
6. Jesus, der dem Schächer das Paradies verheißen hat
7. Jesus, der unsere Gottverlassenheit durchlitten hat
8. Jesus, der am Kreuz die Schuld der Welt gesühnt hat
9. Jesus, der Frieden gestiftet hat durch sein Blut
10. Jesus, der durch seinen Tod am Kreuz uns das Leben erschlossen hat

Die glorreichen Geheimnisse

Das erste Gesätz

Zur Besinnung:
Jesus steigt hinab in das Reich des Todes. Er zerbricht
die Pforten der Unterwelt. Er geht herrlich aus dem
Grab hervor. Er bringt seinen Jüngern den Frieden.
Das Herzstück des Friedens ist die Vergebung der

Sünden. Sie bleibt sein kostbares Ostergeschenk an uns.

1. Jesus, der von den Toten auferstanden ist
2. Jesus, der hinabgestiegen ist in das Reich des Todes
3. Jesus, der die Pforten der Unterwelt zerbrochen hat
4. Jesus, der herrlich aus dem Grab erstanden ist
5. Jesus, der neue Hoffnung in die Welt gebracht hat
6. Jesus, der den Jüngern seine Wundmale gezeigt hat
7. Jesus, der seinen Jüngern den Frieden gegeben hat
8. Jesus, der den Seinen die Sündenvergebung geschenkt hat
9. Jesus, der die Auferstehung und das Leben ist
10. Jesus, der auch unsere Gräber öffnen wird

Das zweite Gesätz

Zur Besinnung:
Jesus ist Herr über Himmel und Erde. Seine Herrlichkeit hat kein Auge geschaut und kein Ohr gehört. Er hebt seine Hände für uns auf zum Vater. Er beugt sich vom Himmel über uns herab. Er öffnet uns den Weg zum Vater und ist dabei, uns eine ewige Wohnung zu bereiten.

1. Jesus, der in den Himmel aufgefahren ist
2. Jesus, dem der Vater einen Namen über alle Namen gegeben hat
3. Jesus, der zum Herrn über Himmel und Erde erhöht worden ist

4. Jesus, dessen Herrlichkeit kein Auge geschaut und kein Ohr gehört hat
5. Jesus, in dem der Mensch zu Gott erhoben worden ist
6. Jesus, der für uns seine Hände zum Vater erhebt
7. Jesus, der sich vom Himmel über uns herabbeugt
8. Jesus, der uns zum ewigen Ziel vorausgegangen ist
9. Jesus, der uns den Weg zum Vater eröffnet hat
10. Jesus, der uns eine ewige Wohnung bereitet

Das dritte Gesätz

Zur Besinnung:
Jesus gibt uns seinen Heiligen Geist: den Atem Gottes, der unser Herz weit macht; das Feuer Gottes, das unsere Liebe reinigt; die Kraft Gottes, die uns zu seinen Zeugen macht; die Liebe Gottes, die uns in Einheit und Frieden zusammenführt.

1. Jesus, der uns den Heiligen Geist gesandt hat
2. Jesus, der uns nicht als Waisen zurückgelassen hat
3. Jesus, der den Heiligen Geist in unsere Herzen ausgegossen hat
4. Jesus, der mit seinem Geist unser Herz weit macht
5. Jesus, der uns im Heiligen Geist den Atem Gottes geschenkt hat
6. Jesus, der im Heiligen Geist die Zungen reden macht
7. Jesus, der im Heiligen Geist die Macht des Bösen bannt
8. Jesus, dessen Geist uns in Einheit und Frieden zusammenführt

9. Jesus, dessen Geist uns zu Brüdern und Schwestern macht
10. Jesus, der uns mit allem Segen seines Geistes gesegnet hat

Das vierte Gesätz

Zur Besinnung:
Jesus holt seine Mutter Maria aus dem Tod ins Leben. Er lässt sie allen Erlösten vorangehen. Er macht sie zum leuchtenden Stern über dem Meer unserer Zeiten. Er stellt sie uns vor als strahlendes Bild unserer Vollendung.

1. Jesus, der dich, o Jungfrau, in den Himmel aufgenommen hat
2. Jesus, für den du gelebt hast und gestorben bist
3. Jesus, der dich aus dem Tod ins Leben geführt hat
4. Jesus, der dich allen Erlösten vorangehen ließ
5. Jesus, der dich in das Haus des Vaters geholt hat
6. Jesus, der dich mit der Sonne bekleidet hat
7. Jesus, der dich zur Morgenröte der Erlösung gemacht hat
8. Jesus, der dich zum Stern über das Meer der Zeiten erhoben hat
9. Jesus, der dich zum Bild unserer Vollendung gemacht hat
10. Jesus, der deine Schritte auf den Weg des Friedens gelenkt hat

Das fünfte Gesätz

Zur Besinnung:
Jesus erhebt Maria über Engel und Menschen. Das geschieht zu unserem Trost. Jesus bestellt sie zu unserer Mutter und zur Trösterin der Betrübten. Er schenkt uns die vollendete Liebe seiner Mutter. Sie sorgt sich um alle ihre Kinder wie um ihren erstgeborenen Sohn.

1. Jesus, der dich, o Jungfrau, im Himmel gekrönt hat
2. Jesus, der dir einen Platz an seiner Seite bereitet hat
3. Jesus, der dich mit Herrlichkeit und Ehre gekrönt hat
4. Jesus, der dich über Engel und Menschen erhoben hat
5. Jesus, der deinen Namen groß macht unter den Völkern
6. Jesus, der dich zur Mutter der Glaubenden gemacht hat
7. Jesus, der dich zur Trösterin der Betrübten bestellt hat
8. Jesus, der dir den Schutzmantel für alle Bedrängten verliehen hat
9. Jesus, der dich zur Königin des Friedens gemacht hat
10. Jesus, zu dem du uns sicheres Geleit geben willst

Die trostreichen Geheimnisse

Das erste Gesätz

Zur Besinnung:
Jesus ist der König des Himmels und der Erde. Aber sein Reich ist nicht von der Art dieser Welt. Er offenbart seine Macht im Erbarmen. Er macht seine Diener zu Freunden. Seine Freunde müssen Erbarmen und Liebe üben wie er. Er sendet sie aus als Friedensstifter.

1. Jesus, der als König herrscht
2. Jesus, dem der Vater alle Macht übergeben hat
3. Jesus, vor dem Himmel und Erde sich beugen
4. Jesus, nach dem die ganze Schöpfung Ausschau hält
5. Jesus, dessen Freude es ist, bei uns Menschen zu sein
6. Jesus, in dessen Hand wir alle geborgen sind
7. Jesus, dessen Reich nicht von dieser Welt ist
8. Jesus, dessen Macht sich im Erbarmen offenbart
9. Jesus, der uns Knechte zu seinen Freunden macht
10. Jesus, der seine Jünger als Friedensstifter aussendet

Das zweite Gesätz

Zur Besinnung:
Jesus ist das Haupt, wir sind Glieder seines Leibes, der Kirche. Wir leben aus ihm wie die Reben aus dem Weinstock. Jesus macht seine Jünger zu Mitarbeitern.

Er richtet seine Kirche in der Welt auf als Zeichen der Hoffnung und des Heils.

1. Jesus, der in seiner Kirche lebt und wirkt
2. Jesus, der als Hirte sein Volk durch die Zeit führt
3. Jesus, dem wir als Glieder der Kirche eingepflanzt sind
4. Jesus, aus dem wir leben wie die Reben aus dem Weinstock
5. Jesus, der uns nährt an seinem heiligen Tisch
6. Jesus, der uns zum Licht der Welt berufen hat
7. Jesus, der Arbeiter sucht für seinen Weinberg
8. Jesus, der immer neue Menschenfischer aussendet
9. Jesus, der den Verlorenen nachgeht
10. Jesus, der seine Kirche in der Welt aufrichtet als Zeichen des Heils

Das dritte Gesätz

Zur Besinnung:
Der wiederkommende Christus ist die tiefste Hoffnung der Welt. Auch er trägt nach uns Verlangen. Wir sollen ihn wachend und betend erwarten und in den großen Drangsalen nicht verzweifeln. Sein Zeichen wird am Himmel erscheinen. Wir werden ihm mit Jubel entgegenziehen. Sein Name wird auf der Stirn der Erlösten leuchten.

1. Jesus, der wiederkommen wird in Herrlichkeit
2. Jesus, auf den wir warten wie die Wächter auf den Morgen

3. Jesus, der nach uns Verlangen trägt
4. Jesus, der uns vom Elend ins Vaterhaus führen will
5. Jesus, dessen Tag und Stunde niemand kennt
6. Jesus, den wir wachend und betend erwarten sollen
7. Jesus, vor dessen Kommen das Weltall erschüttert wird
8. Jesus, dessen Zeichen am Himmel erscheinen wird
9. Jesus, dem wir mit Freude entgegenziehen
10. Jesus, dessen Name auf der Stirn der Erlösten stehen wird

Das vierte Gesätz

Zur Besinnung:
Alle Menschen werden vor dem Angesicht Jesu erscheinen. Er wird sie richten ohne Ansehen der Person. Er wird Barmherzigkeit mit Erbarmen vergelten und aller Bosheit ein Ende bereiten. Er wird die Erlösten zum Vater führen und einen ewigen Frieden stiften.

1. Jesus, der richten wird die Lebenden und die Toten
2. Jesus, der sein Volk sammeln wird von den Enden der Erde
3. Jesus, vor dessen Angesicht wir alle erscheinen werden
4. Jesus, der die Herzen aller Menschen kennt
5. Jesus, bei dem keine gute Tat vergessen ist
6. Jesus, der Barmherzigkeit mit Erbarmen vergelten wird
7. Jesus, der die Gesegneten des Vaters zu sich rufen wird

8. Jesus, der aller Bosheit ein Ende bereiten wird
9. Jesus, der ewigen Frieden stiften wird
10. Jesus, der die Erlösten heimführen wird zum Vater

Das fünfte Gesätz

Zur Besinnung:
Jesus wird alle Tränen abwischen und alle Sehnsucht der Welt erfüllen. Er wird die neue Schöpfung mit seiner Herrlichkeit erfüllen und zu einem Land des Lichtes und des Friedens machen. Er wird die Erlösten zum Mahl der Seligkeit geleiten und sie das neue Lied des Dankes lehren. Das vollendete Reich wird er dem Vater übergeben. Dann wird Gott alles in allem sein.

1. Jesus, der alles vollenden wird
2. Jesus, der Himmel und Erde mit seiner Herrlichkeit erfüllen wird
3. Jesus, der uns in das Land des Lichtes und des Friedens führen wird
4. Jesus, der alle Sehnsucht der Welt erfüllen wird
5. Jesus, der alle Tränen abwischen wird
6. Jesus, der die Erlösten zum ewigen Hochzeitsmahl geleiten wird
7. Jesus, der allen Hunger und Durst unseres Herzens stillen wird
8. Jesus, der uns das neue Lied des Dankes lehren wird
9. Jesus, bei dem Frieden und Freude sein werden ohne Ende

10. Jesus, der das vollendete Reich dem Vater übergeben wird

Rosenkranzgebet mit Abschnitten aus den Evangelien

Eine gute Art, Gedanken aus dem Evangelium zu betrachten, ist, einzelne Abschnitte meditierend zu lesen (allein oder in Gemeinschaft) und sie in einem Satz (Gesätz) zusammenzufassen.

Gott selbst lebt unser Leben mit
(Alfred Delp)

Fünf Gesätze aus vier Jesus-Geschichten:
1. Jesus, der mir entgegenkommt (Lk 15,11–24)
2. Jesus, der mir die Augen öffnet (Lk 18,35–43)
3. Jesus, der mich an der Hand fasst und aufrichtet (Mk 1,29–31)
4. Jesus, der meine Wege mitgeht (Lk 24,13–16)
5. Jesus, der bei mir bleibt (Lk 24,28–29)

1. Jesus, der mir entgegenkommt (Lk 15,11–24)

In einem Gleichnis erzählt Lukas, wie Gott sich zum Menschen verhält. Es ist die „Geschichte vom verlorenen Sohn", der in ein fernes Land gegangen war und schon bald sein Vermögen (die Erbschaft) verschwendet hatte. Er geriet in große Not und überlegte, dass die Tagelöhner seines Vaters „mehr als genug zu essen haben". „Ich will aufbrechen und zu meinem Vater gehen" und dort um Verzeihung bitten. Die Geschichte endet unwirklich. Der Vater sah ihn schon von Weitem kommen, lief dem Sohn entgegen, fiel ihm um den Hals und küsste ihn.

Eine Geschichte, die für uns alle aufgezeichnet ist. Gott läuft uns entgegen. Gott ist der, der mir entgegenkommt.

2. Jesus, der mir die Augen öffnet (Lk 18,35 – 43)

Jesus auf dem Weg nach Jerusalem. Um ihn viele Menschen. An der Straße saß der blinde Bettler Bartimäus. Er rief: „Sohn Davids, Jesus, hab Erbarmen mit mir." Jesus blieb stehen. In diesem Augenblick war er ganz für Bartimäus da. Er fragte ihn: „Was soll ich dir tun?" – „Herr, ich möchte wieder sehen können." Jesus heilte ihn, machte ihn sehend. Bartimäus pries Gott und folgte Jesus.

Wenn wir anrufen, wendet er sich uns zu. Jesus öffnet auch mir die Augen.

3. Jesus, der mich an der Hand fasst und aufrichtet (Mk 1,29 – 31)

Jesus heilt die Schwiegermutter des Petrus. Es ist eine kurze Geschichte, nur drei Verse. Das Eigentliche steht in einem Satz: „Er ging zu ihr hin, fasste sie an der Hand und richtete sie auf."

Mit seiner Hand richtet Jesus den Menschen auf. Hingehen, an die Hand fassen, aufrichten. So nähert sich Gott in Jesus dem Menschen. So richtet er auch uns auf. Zugleich zeigt er uns, wie wir handeln und „vorgehen" sollen.

4. Jesus, der meine Wege mitgeht (Lk 24,13–16)

Zwei Jünger gingen am Ostertag traurig und enttäuscht von Jerusalem nach Emmaus fort. „Da kam Jesus zu ihnen und ging mit ihnen." Er geht ihre Wege mit. Er greift ihre Gedanken auf.
Jesus, der mit mir geht! Er ist oft schon mit uns unterwegs, ohne dass wir ihn erkennen. Jesus geht meine Wege mit!

5. Jesus, der bei mir bleibt (Lk 24,28–29)

In der Geschichte haben wir es gelesen. Sie kamen nach Emmaus. Er tat, als wolle er weitergehen. Sie baten ihn, er möge bleiben. Und dann steht da: „Da ging er mit hinein, um bei ihnen zu bleiben."
Jesus, der bei mir bleibt.

Heilswege mit dem freudenreichen, schmerzhaften und glorreichen Rosenkranz

In ihrem Buch „Den Rosenkranz beten im Geiste der Heiligen Schrift" hat Sr. Maria Bonifaza Brimmers ähnliche Anregungen für das Rosenkranzgebet gegeben. Der Schrifttext zu den Gesätzen wird in zehn Einzelsätze aufgeteilt oder zu den einzelnen Gesätzen werden Schriftstellen zusammengestellt.
Die nachfolgenden Beispiele sind diesem Buch entnommen beziehungsweise durch dieses Buch angeregt.

Der freudenreiche Rosenkranz

Maria eilt über das Gebirge – der Mensch von Gott erfüllt. „Sie trägt, wovon sie sich tragen lässt." (Hans Urs von Balthasar)

I. Jesus, den du, o Jungfrau, vom Heiligen Geist empfangen hast (Lk 1,26 – 38)

Der Text der Heiligen Schrift wird vor jedem Ave-Maria gelesen.

1. Der Engel Gabriel wurde von Gott in eine Stadt in Galiläa namens Nazaret zu einer Jungfrau gesandt. Sie war mit einem Mann namens Josef verlobt, der aus dem Haus Davids stammte. Der Name der Jungfrau war Maria.

2. Der Engel trat bei ihr ein und sagte: Sei gegrüßt, du Begnadete, der Herr ist mit dir.
3. Sie erschrak über die Anrede und überlegte, was dieser Gruß zu bedeuten habe.
4. Da sagte der Engel zu ihr: Fürchte dich nicht, Maria; denn du hast bei Gott Gnade gefunden.
5. Du wirst ein Kind empfangen, einen Sohn gebären: dem sollst du den Namen Jesus geben. Er wird groß sein und Sohn des Höchsten genannt werden.
6. Gott, der Herr, wird ihm den Thron seines Vaters David geben. Er wird über das Haus Jakob in Ewigkeit herrschen, und seine Herrschaft wird kein Ende haben.
7. Maria sagte zu dem Engel: Wie soll das geschehen, da ich keinen Mann erkenne?
8. Der Engel antwortete ihr: Der Heilige Geist wird über dich kommen und die Kraft des Höchsten wird dich überschatten. Deshalb wird auch das Kind heilig und Sohn Gottes genannt werden.
9. Auch Elisabet, deine Verwandte, hat noch in ihrem Alter einen Sohn empfangen; obwohl sie als unfruchtbar galt, ist sie jetzt schon im sechsten Monat. Denn für Gott ist nichts unmöglich.
10. Da sagte Maria: Ich bin die Magd des Herrn; mir geschehe, wie du gesagt hast. Danach verließ sie der Engel.

II. Jesus, den du, o Jungfrau, zu Elisabet getragen hast (Lk 1,39–56)

Maria ist erfüllt vom Heiligen Geist. Sie eilt über das Gebirge zu ihrer Base Elisabet. Freude will sich mitteilen. Was wir im zweiten Gesätz des freudenreichen Rosenkranzes betrachten, steht im Lukasevangelium 1,39–56 aufgezeichnet.

1. Nach einigen Tagen machte sich Maria auf den Weg und eilte in eine Stadt im Bergland von Judäa. Sie ging in das Haus des Zacharias und grüßte Elisabet.

2. Als Elisabet den Gruß Marias hörte, hüpfte das Kind in ihrem Leib. Da wurde Elisabet vom Heiligen Geist erfüllt und rief mit lauter Stimme: Gesegnet bist du mehr als alle anderen Frauen, und gesegnet ist die Frucht deines Leibes.

3. Wer bin ich, dass die Mutter meines Herrn zu mir kommt? Selig ist die, die geglaubt hat, dass sich erfüllt, was der Herr ihr sagen ließ.

4. Da sagte Maria: Meine Seele preist die Größe des Herrn, und mein Geist jubelt über Gott, meinen Retter.

5. Denn auf die Niedrigkeit seiner Magd hat er geschaut.

6. Denn der Mächtige hat Großes an mir getan und sein Name ist heilig.

7. Er erbarmt sich von Geschlecht zu Geschlecht über alle, die ihn fürchten. Er vollbringt mit seinem Arm machtvolle Taten. Er zerstreut, die im Herzen voll Hochmut sind.

8. Er stürzt die Mächtigen vom Thron und erhöht die Niedrigen. Die Hungernden beschenkt er mit seinen Gaben und lässt die Reichen leer ausgehen.

9. Er nimmt sich seines Knechtes Israel an und denkt an sein Erbarmen, das er unseren Vätern verheißen hat, Abraham und seinen Nachkommen auf ewig.

10. Und Maria blieb etwa drei Monate bei ihr, dann kehrte sie nach Hause zurück.

III. Jesus, den du, o Jungfrau, geboren hast
(Lk 2,1 – 14)

1. In jenen Tagen erließ Kaiser Augustus den Befehl, alle Bewohner des Reiches in Steuerlisten einzutragen – da ging jeder in seine Stadt, um sich eintragen zu lassen.

2. So zog auch Josef von der Stadt Nazaret in Galiläa hinauf nach Judäa in die Stadt Davids, die Betlehem heißt, denn er war aus dem Haus und Geschlecht Davids.

3. Er wollte sich eintragen lassen mit Maria, seiner Verlobten, die ein Kind erwartete. Als sie dort waren, kam für Maria die Zeit ihrer Niederkunft.

4. Und sie gebar ihren Sohn, den Erstgeborenen. Sie wickelte ihn in Windeln und legte ihn in eine Krippe, weil in der Herberge kein Platz für sie war.

5. In jener Gegend lagerten Hirten auf freiem Feld und hielten Nachtwache bei ihrer Herde.

6. Da trat der Engel des Herrn zu ihnen, und der Glanz des Herrn umstrahlte sie. Sie fürchteten sich sehr.

7. Der Engel aber sagte zu ihnen: Fürchtet euch nicht, denn ich verkünde euch eine große Freude, die dem ganzen Volk zuteil werden soll.

8. Heute ist euch in der Stadt Davids der Retter geboren; er ist der Messias, der Herr.
9. Und das soll euch als Zeichen dienen: Ihr werdet ein Kind finden, das, in Windeln gewickelt, in einer Krippe liegt.
10. Und plötzlich war bei dem Engel ein großes himmlisches Heer, das Gott lobte und sprach:
Verherrlicht ist Gott in der Höhe,
und auf Erden ist Friede
bei den Menschen seiner Gnade.

IV. Jesus, den du, o Jungfrau, im Tempel aufgeopfert hast (Lk 2,22–40)

1. Es kam für Maria der Tag der vom Gesetz des Mose vorgeschriebenen Reinigung. Sie brachten das Kind nach Jerusalem hinauf, um es dem Herrn zu weihen.
2. In Jerusalem lebte damals ein Mann namens Simeon. Er war gerecht und fromm und wartete auf die Rettung Israels. Vom Heiligen Geist war ihm offenbart worden, er werde den Tod nicht schauen, ehe er den Messias gesehen habe.
3. Jetzt wurde er vom Geist in den Tempel geführt; und als die Eltern Jesus hereinbrachten ..., nahm Simeon das Kind in seine Arme und pries Gott.
4. Er sagte: Nun lässt du, Herr, deinen Knecht, wie du gesagt hast, in Frieden scheiden. Denn meine Augen haben das Heil gesehen, das du vor allen Völkern bereitet hast, ein Licht, das die Heiden erleuchtet, und Herrlichkeit für dein Volk Israel.

5. Sein Vater und seine Mutter staunten über diese Worte, die über Jesus gesagt wurden. Und Simeon segnete sie und sagte zu Maria, der Mutter Jesu: Dieser ist dazu bestimmt, dass in Israel viele durch ihn zu Fall kommen und viele aufgerichtet werden.

6. Und er wird ein Zeichen sein, dem widersprochen wird. Dadurch sollen die Gedanken vieler Menschen offenbar werden. Dir selbst aber wird ein Schwert durch die Seele dringen.

7. Damals lebte auch eine Prophetin namens Hannah in Jerusalem. Sie war eine Witwe von 84 Jahren. Sie hielt sich ständig im Tempel auf und diente Gott Tag und Nacht mit Fasten und Beten.

8. In diesem Augenblick nun trat sie hinzu, pries Gott und sprach über das Kind zu allen, die auf die Erlösung Jerusalems warteten.

9. Als seine Eltern alles getan hatten, was das Gesetz des Herrn vorschreibt, kehrten sie nach Galiläa in ihre Stadt Nazaret zurück.

10. Das Kind wuchs heran und wurde kräftig; Gott erfüllte es mit Weisheit und seine Gnade ruhte auf ihm.

V. Jesus, den du, o Jungfrau, im Tempel wieder-gefunden hast (Lk 2,41 – 52)

1. Die Eltern Jesu gingen jedes Jahr zum Paschafest nach Jerusalem. Als Jesus zwölf Jahre alt geworden war, zogen sie wieder hinauf.

2. Nachdem die Festtage zu Ende waren, machten sie sich auf den Heimweg. Der junge Jesus aber blieb in Jerusalem, ohne dass seine Eltern es merkten.

3. Sie meinten, er sei irgendwo in der Pilgergruppe und reisten eine Tagesstrecke weit. Dann suchten sie ihn bei den Verwandten und Bekannten.

4. Als sie ihn nicht fanden, kehrten sie nach Jerusalem zurück und suchten ihn dort.

5. Nach drei Tagen fanden sie ihn im Tempel. Er saß mitten unter den Lehrern, hörte ihnen zu und stellte Fragen. Alle, die ihn hörten, waren erstaunt über sein Verständnis und über seine Antworten.

6. Als seine Eltern ihn sahen, waren sie sehr betroffen, und seine Mutter sagte zu ihm: Kind, warum hast du uns das angetan? Dein Vater und ich haben dich voll Angst gesucht.

7. Da sagte er zu ihnen: Warum habt ihr mich gesucht? Wusstet ihr nicht, dass ich in dem sein muss, was meinem Vater gehört? Doch sie verstanden nicht, was er damit sagen wollte.

8. Dann kehrte er mit ihnen nach Nazaret zurück und war ihnen gehorsam.

9. Seine Mutter bewahrte alles, was geschehen war, in ihrem Herzen.

10. Jesus aber wuchs heran, seine Weisheit nahm zu, und er fand Gefallen bei Gott und den Menschen.

Der schmerzhafte Rosenkranz

I. Jesus, der für uns Blut geschwitzt hat (Lk 22,39–54)

1. Wie er es gewohnt war, ging Jesus zum Ölberg; seine Jünger folgten ihm. Als er dort war, sagte er

zu ihnen: Betet darum, dass ihr nicht in Versuchung geratet!

2. Dann entfernte er sich von ihnen ungefähr einen Steinwurf weit, kniete nieder und betete: Vater, wenn du willst, nimm diesen Kelch von mir! Aber nicht mein, sondern dein Wille soll geschehen.

3. Da erschien ihm ein Engel vom Himmel und gab ihm die Kraft. Und in seiner Angst betete er noch inständiger und sein Schweiß war wie Blut, das auf die Erde tropfte.

4. Nach dem Gebet stand er auf, ging zu den Jüngern zurück und fand sie schlafend. Da sagte er zu ihnen: Wie könnt ihr schlafen? Steht auf und betet, damit ihr nicht in Versuchung geratet.

5. Während er noch redete, kam eine Schar Männer; Judas, einer der Zwölf, ging ihnen voran. Er näherte sich Jesus, um ihn zu küssen.

6. Jesus aber sagte zu ihm: Judas, mit einem Kuss verrätst du den Menschensohn?

7. Als seine Begleiter merkten, was drohte, fragten sie: Herr, sollen wir mit dem Schwert dreinschlagen? Und einer von ihnen schlug auf den Diener des Hohepriesters ein und hieb ihm das rechte Ohr ab.

8. Jesus aber sagte: Hör auf damit! Und er berührte das Ohr und heilte den Mann.

9. Zu den Hohepriestern aber, den Hauptleuten der Tempelwache und den Ältesten, die vor ihm standen, sagte Jesus: Wie gegen einen Räuber seid ihr mit Schwertern und Knüppeln ausgezogen. Tag für Tag war ich bei euch im Tempel, und ihr habt

nicht gewagt, gegen mich vorzugehen. Aber das ist eure Stunde, jetzt hat die Finsternis die Macht.

10. Darauf nahmen sie ihn fest, führten ihn ab und brachten ihn in das Haus des Hohepriesters.

II. Jesus, der für uns gegeißelt worden ist
(Joh 18,28–40; 19,1)

1. Von Kajaphas brachten sie Jesus zum Prätorium; es war früher Morgen. Sie selbst gingen nicht in das Gebäude hinein, um nicht unrein zu werden, sondern das Paschalamm essen zu können.

2. Deshalb kam Pilatus zu ihnen heraus und fragte: Welche Anklage erhebt ihr gegen diesen Menschen? Sie antworteten ihm: Wenn er kein Übeltäter wäre, hätten wir ihn dir nicht ausgeliefert.

3. Pilatus sagte zu ihnen: Nehmt ihr ihn doch und richtet ihn nach eurem Gesetz! Die Juden antworteten ihm: Uns ist es nicht gestattet, jemand hinzurichten.

4. Pilatus ging wieder in das Prätorium hinein, er ließ Jesus rufen und fragte ihn: Bist du der König der Juden?

5. Jesus antwortete: Sagst du das von dir aus oder haben es dir andere über mich gesagt?

6. Pilatus entgegnete: Bin ich denn ein Jude? Dein eigenes Volk und die Hohepriester haben dich an mich ausgeliefert. Was hast du getan?

7. Jesus antwortete: Mein Königtum ist nicht von dieser Welt. Wenn es von dieser Welt wäre, würden meine Leute kämpfen, damit ich den Juden nicht ausgeliefert würde. Aber mein Königtum ist nicht von hier.

8. Pilatus sagte zu ihm: Also bist du doch ein König? Jesus antwortete: Du sagst es, ich bin ein König. Ich bin dazu geboren und dazu in die Welt gekommen, dass ich für die Wahrheit Zeugnis ablege. Jeder, der aus der Wahrheit ist, hört auf meine Stimme. Pilatus sagte zu ihm: Was ist Wahrheit?

9. Nachdem er das gesagt hatte, ging er wieder zu den Juden hinaus und sagte zu ihnen: Ich finde keinen Grund, ihn zu verurteilen. Ihr seid gewohnt, dass ich euch am Paschafest einen Gefangenen freilasse. Wollt ihr also, dass ich euch den König der Juden freilasse?

10. Da schrien sie wieder: Nicht diesen, sondern Barabbas. Barabbas aber war ein Straßenräuber. Darauf ließ Pilatus Jesus geißeln.

III. Jesus, der für uns mit Dornen gekrönt worden ist (Joh 19,2–12)

1. Die Soldaten flochten einen Kranz aus Dornen, den setzten sie ihm auf und legte ihm einen purpurroten Mantel um.

2. Sie stellten sich vor ihn hin und sagten: Heil dir, König der Juden! Und sie schlugen ihm ins Gesicht.

3. Pilatus ging wieder hinaus und sagte zu ihnen: Seht, ich bringe ihn zu euch heraus; ihr sollt wissen, dass ich keinen Grund finde, ihn zu verurteilen.

4. Jesus kam heraus; er trug die Dornenkrone und den purpurroten Mantel. Pilatus sagte zu ihnen: Seht, das ist der Mensch!

5. Als die Hohepriester und ihre Diener ihn sahen, schrien sie: Ans Kreuz mit ihm! Pilatus sagte ihnen: Nehmt ihr ihn und kreuzigt ihn! Denn ich finde keinen Grund, ihn zu verurteilen.

6. Die Juden entgegneten ihm: Wir haben ein Gesetz, und nach diesem Gesetz muss er sterben, weil er sich als Sohn Gottes ausgegeben hat.

7. Als Pilatus dies hörte, wurde er noch ängstlicher. Er ging wieder in das Prätorium hinein und fragte Jesus: Woher stammst du? Jesus aber gab ihm keine Antwort.

8. Da sagte Pilatus zu ihm: Du sprichst nicht mit mir? Weißt du nicht, dass ich Macht habe, dich freizulassen, und Macht, dich zu kreuzigen?

9. Jesus antwortete: Du hättest keine Macht über mich, wenn es dir nicht von oben gegeben wäre; darum liegt größere Schuld bei dem, der mich dir ausgeliefert hat.

10. Daraufhin wollte Pilatus ihn freilassen, aber die Juden schrien: Wenn du ihn freilässt, bist du kein Freund des Kaisers; jeder, der sich als König ausgibt, lehnt sich gegen den Kaiser auf.

IV. Jesus, der für uns das schwere Kreuz getragen hat (Lk 23,23–32; Joh 19,17)

1. Die Juden forderten immer lauter, Pilatus solle Jesus kreuzigen lassen, und mit ihrem Geschrei setzten sie sich durch.

2. Pilatus entschied, dass ihre Forderung erfüllt werden solle. Er ließ den Mann frei, der wegen Auf-

ruhr und Mord im Gefängnis saß und den sie gefordert hatten. Jesus aber lieferte er ihnen aus.

3. Jesus trug sein Kreuz und ging hinaus zur sogenannten Schädelstätte, die auf Hebräisch Golgota heißt.

4. Als sie Jesus hinausführten, ergriffen sie einen Mann aus Zyrene namens Simon, der gerade vom Feld kam. Ihm luden sie das Kreuz auf, damit er es hinter Jesus hertrage.

5. Es folgte eine Menschenmenge, darunter auch Frauen, die um ihn klagten und weinten.

6. Jesus wandte sich zu ihnen: Ihr Frauen von Jerusalem, weint nicht über mich; weint über euch und eure Kinder!

7. Denn es kommen Tage, da wird man sagen: Wohl den Frauen, die unfruchtbar sind, die nicht geboren und nicht gestillt haben.

8. Dann wird man zu den Bergen sagen: Fallt auf uns! Und zu den Hügeln: Deckt uns zu!

9. Denn wenn das mit dem grünen Holz geschieht, was wird dann erst mit dem dürren werden?

10. Zusammen mit Jesus wurden auch zwei Verbrecher zur Hinrichtung geführt.

V. Jesus, der für uns gekreuzigt worden ist
(Lk 23,33–48; Joh 19,25–34)

1. Sie kamen zur Schädelhöhe; dort kreuzigten sie ihn und die Verbrecher, den einen rechts von ihm, den anderen links.

2. Jesus aber betete: Vater, vergib ihnen, denn sie wissen nicht, was sie tun.

3. Dann warfen sie das Los und verteilten seine Kleider unter sich. Die Soldaten verspotteten ihn und sagten: Wenn du der König der Juden bist, dann hilf dir selbst!

4. Bei dem Kreuze Jesu standen seine Mutter und die Schwester seiner Mutter, die Frau des Klopas, und Maria von Magdala. Als Jesus seine Mutter sah und bei ihr den Jünger, den er liebte, sagte er zu seiner Mutter: Frau, siehe, dein Sohn! Dann sagte er zu dem Jünger: Siehe, deine Mutter!

5. Über ihm war eine Tafel angebracht; auf ihr stand: Das ist der König der Juden.

6. Einer der Verbrecher, die neben ihm hingen, sagte: Jesus, denk an mich, wenn du in dein Reich kommst. Jesus antwortete ihm: Amen, ich sage dir: Heute noch wirst du mit mir im Paradies sein.

7. Es war um die sechste Stunde, als eine Finsternis über das ganze Land hereinbrach. Sie dauerte bis zur neunten Stunde. Die Sonne verdunkelte sich. Der Vorhang im Tempel riss mitten entzwei.

8. Jesus sagte, damit sich die Schrift erfüllte: Mich dürstet. Sie steckten einen Schwamm mit Essig auf einen Ysopzweig und hielten ihn an seinen Mund. Als Jesus von dem Essig genommen hatte, sprach er: Es ist vollbracht! Und er neigte das Haupt und gab seinen Geist auf.

9. Als der Hauptmann sah, was geschehen war, pries er Gott und sagte: Das war wirklich ein gerechter Mensch. Und alle, die zu diesem Schauspiel herbeigeströmt waren und sahen, was sich ereignet hatte, schlugen sich an die Brust und gingen betroffen weg.

10. Als die Soldaten zu Jesus kamen und sahen, dass er schon tot war, zerschlugen sie ihm die Beine nicht, sondern einer der Soldaten stieß mit der Lanze in seine Seite und zugleich flossen Blut und Wasser heraus.

Der glorreiche Rosenkranz

I. Jesus, der von den Toten auferstanden ist
(Joh 20,1 – 17)

1. Am ersten Tag der Woche kam Maria von Magdala frühmorgens, als es noch dunkel war, zum Grab und sah, dass der Stein vom Grab weggewälzt war.
2. Da lief sie schnell zu Simon Petrus und dem Jünger, den Jesus liebte, und sagte zu ihnen: Man hat den Herrn aus dem Grab weggenommen, und wir wissen nicht, wohin man ihn gelegt hat.
3. Da gingen Petrus und der andere Jünger hinaus und kamen zum Grab; sie liefen beide zusammen dorthin, aber weil der andere Jünger schneller war als Petrus, kam er als Erster ans Grab. Er beugte sich vor, sah die Leinenbinden liegen, ging aber nicht hinein.
4. Da kam auch Simon Petrus, der ihm gefolgt war, und ging in das Grab hinein. Er sah die Leinenbinden liegen und das Schweißtuch, das auf dem Kopf Jesu gelegen hatte; es lag aber nicht bei den Leinenbinden, sondern zusammengebunden daneben an einer besonderen Stelle.

5. Da ging auch der andere Jünger, der zuerst an das Grab gekommen war, hinein; er sah und glaubte. Denn sie wussten noch nicht aus der Schrift, dass er von den Toten auferstehen musste. Dann kehrten die Jünger wieder nach Hause zurück.

6. Maria aber stand draußen vor dem Grab und weinte. Während sie weinte, beugte sie sich in die Grabkammer hinein. Da sah sie zwei Engel in weißen Gewändern sitzen ... Die Engel sagten zu ihr: Frau, warum weinst du? Sie antwortete ihnen: Man hat meinen Herrn weggenommen, und ich weiß nicht, wohin man ihn gelegt hat.

7. Als sie das gesagt hatte, wandte sie sich um und sah Jesus dastehen, wusste aber nicht, dass es Jesus war.

8. Jesus sagte zu ihr: Frau, warum weinst du? Wen suchst du? Sie meinte, es sei der Gärtner und sagte zu ihm: Herr, wenn du ihn weggebracht hast, sag mir, wohin du ihn gelegt hast. Dann will ich ihn holen.

9. Jesus sagte zu ihr: Maria! Da wandte sie sich ihm zu und sagte auf Hebräisch zu ihm: Rabbuni!, das heißt: Meister.

10. Jesus sagte zu ihr: Halte mich nicht fest, denn ich bin noch nicht zum Vater hinaufgegangen. Geh aber zu meinen Brüdern und sage ihnen: Ich gehe hinauf zu meinem Vater und zu eurem Vater, zu meinem Gott und zu eurem Gott!

II. Jesus, der in den Himmel aufgefahren ist
   (Lk 24,44b–53)

1. Jesus sprach zu seinen Jüngern: Alles muss in Erfüllung gehen, was im Gesetz des Mose, bei den Propheten und in den Psalmen über mich gesagt ist.
2. Darauf öffnete er ihnen die Augen für das Verständnis der Schrift.
3. Er sagte zu ihnen: So steht es in der Schrift: Der Messias wird leiden und am dritten Tag von den Toten auferstehen.
4. Und in seinem Namen wird man allen Völkern, angefangen in Jerusalem, verkünden, sie sollen umkehren, damit ihre Sünden vergeben werden.
5. Ihr seid Zeugen dafür. Und ich werde die Gaben, die mir mein Vater verheißen hat, zu euch herabsenden.
6. Bleibt in der Stadt, bis ihr mit der Kraft aus der Höhe erfüllt werdet.
7. Dann führte er sie hinaus in die Nähe von Betanien.
8. Dort erhob er seine Hände und segnete sie. Und während er sie segnete, verließ er sie und wurde zum Himmel emporgehoben.
9. Dann kehrten sie in großer Freude nach Jerusalem zurück.
10. Und sie waren immer im Tempel und priesen Gott.

III. Jesus, der uns den Heiligen Geist gesandt hat
(Apg 2,1–8.12–17a.21.37b.38.41)

1. Als der Pfingsttag gekommen war, befanden sich alle am gleichen Ort. Da kam plötzlich vom Himmel her ein Brausen, wie wenn ein heftiger Sturm daherfährt, und erfüllte das ganze Haus, in dem sie waren.

2. Und es erschienen ihnen Zungen wie von Feuer, die sich verteilten. Auf jeden von ihnen ließ sich eine nieder.

3. Alle wurden mit dem Heiligen Geist erfüllt und begannen, in fremden Sprachen zu reden, wie es der Geist ihnen eingab.

4. In Jerusalem aber wohnten Juden, fromme Männer aus allen Völkern unter dem Himmel. Als sich das Getöse erhob, strömte die Menge zusammen und war ganz bestürzt, denn jeder hörte sie in seiner Sprache reden.

5. Sie gerieten außer sich vor Staunen und sagten: Sind das nicht alles Galiläer, die hier reden? Wieso kann sie jeder von uns in seiner Muttersprache hören?

6. Die einen sagten zueinander: Was hat das zu bedeuten? Andere aber spotteten: Sie sind vom süßen Wein betrunken.

7. Da trat Petrus auf, zusammen mit den Elf; er hob seine Stimme und begann zu reden: Ihr Juden und alle Bewohner von Jerusalem! Dies sollt ihr wissen, achtet auf meine Worte! Diese Männer sind nicht betrunken, wie ihr meint; es ist ja erst die dritte Stunde am Morgen.

8. Jetzt geschieht, was durch den Propheten Joël gesagt worden ist: In den letzten Tagen wird es geschehen ... Ich werde meinen Geist ausgießen über alles Fleisch. Und sie werden Propheten sein ... Jeder, der den Namen des Herrn anruft, wird gerettet.

9. Sie sagten zu Petrus und den übrigen Aposteln: Was sollen wir tun, Brüder? Petrus antwortete ihnen: Kehrt um und jeder von euch lasse sich auf den Namen Jesu Christi taufen zur Vergebung seiner Sünden; dann werdet ihr die Gaben des Heiligen Geistes empfangen.

10. Die nun, die sein Wort annahmen, ließen sich taufen. An diesem Tag wurden ihrer Gemeinde etwa dreitausend Menschen hinzugefügt.

IV. Jesus, der dich, o Jungfrau, in den Himmel aufgenommen hat

1. Ist durch die Übertretung des einen der Tod zur Herrschaft gekommen ..., so werden erst recht alle, denen die Gnade und die Gabe der Gerechtigkeit reichlich zuteil wurde, leben und herrschen durch den einen, Jesus Christus (Röm 5,17).

2. Wenn wir nämlich ihm gleich geworden sind in seinem Tode, dann werden wir mit ihm auch in seiner Auferstehung vereint sein (Röm 6,5).

3. Das Gesetz des Geistes und des Lebens in Christus Jesus hat dich frei gemacht vom Gesetz der Sünde und des Todes (Röm 8,2).

4. Wenn der Geist dessen in euch wohnt, der Jesus von den Toten auferweckt hat, dann wird er auch

euren sterblichen Leib lebendig machen (Röm 8,11).

5. Wir sind Erben Gottes und Miterben Christi, wenn wir mit ihm leiden, um mit ihm verherrlicht zu werden (Röm 8,17).

6. Aber auch wir, obwohl wir als Erstlingsgabe den Geist haben, seufzen in unserem Herzen und warten darauf, dass wir mit der Erlösung unseres Leibes als Söhne offenbar werden (Röm 8,23).

7. Wir wissen, dass Gott bei denen, die ihn lieben, alles zum Guten führt, bei denen, die nach seinem Ratschluss berufen sind (Röm 8,28).

8. Alle, die er im Voraus erkannt hat, hat er auch im Voraus dazu bestimmt, an Wesen und Gestalt seines Sohnes teilzuhaben (Röm 8,29).

9. Die aber, die er vorausbestimmt hat, hat er auch berufen, und die er berufen hat, hat er auch gerecht gemacht; die er aber gerecht gemacht hat, die hat er auch verherrlicht (Röm 8,30).

10. Ich bin gewiss: Weder Tod noch Leben, weder Engel noch Mächte, weder Gegenwärtiges noch Zukünftiges, weder Gewalten der Höhe oder Tiefe, noch irgendeine andere Kreatur können uns scheiden von der Liebe Gottes, die in Christus Jesus ist, unserem Herrn (Röm 8,38 f.).

V. Jesus, der dich, o Jungfrau, im Himmel
gekrönt hat

1. Wir wissen, wenn unser irdisches Zelt abgebrochen wird, dann haben wir eine Wohnung von Gott, ein

nicht von Menschen errichtetes ewiges Haus im Himmel (2 Kor 5,1).

2. Ich bin überzeugt, dass die Leiden der gegenwärtigen Zeit nichts bedeuten im Vergleich zu der Herrlichkeit, die an uns offenbar werden soll (Röm 8,18).

3. Wie wir nach dem Bild des Irdischen gestaltet wurden, so werden wir auch nach dem Bild des Himmlischen gestaltet werden (1 Kor 15,49).

4. Wir alle müssen vor dem Richterstuhl Christi offenbar werden, damit jeder seinen Lohn empfängt für das Gute oder Böse, das er im irdischen Leben getan hat (2 Kor 5,10).

5. Ich habe den guten Kampf gekämpft, den Lauf vollendet, die Treue gehalten. Schon jetzt liegt für mich der Kranz der Gerechtigkeit bereit, den mir der Herr, der gerechte Richter, an jenem Tage geben wird, aber nicht nur mir, sondern allen, die sehnsüchtig auf sein Kommen warten (2 Tim 4,7–8).

6. Der König wird zu denen auf der rechten Seite sagen: Kommt her, die ihr von meinem Vater gesegnet seid, nehmt das Reich in Besitz, das seit Erschaffung der Welt für euch bestimmt ist (Mt 25,34)!

7. Kein Auge hat es gesehen und kein Ohr hat es gehört und keinem Menschen ist in den Sinn gekommen: Das Große, das Gott denen bereitet hat, die ihn lieben (1 Kor 2,9).

8. Wir alle spiegeln mit enthülltem Angesicht die Herrlichkeit wider und werden so in sein eigenes Bild verwandelt, von Herrlichkeit zu Herrlichkeit, durch den Geist des Herrn (2 Kor 3,18).

9. Ihr seid mit Christus auferweckt; darum strebt nach dem, was im Himmel ist, wo Christus zur Rechten Gottes sitzt ... Wenn Christus, unser Leben, offenbar wird, dann werdet auch ihr offenbar werden in Herrlichkeit (Kol 3,1.4).
10. O Tiefe des Reichtums, der Weisheit und der Erkenntnis Gottes! Wie unergründlich sind seine Entscheidungen, wie unerforschlich seine Wege! ... Denn aus ihm und durch ihn und auf ihn hin ist die ganze Schöpfung. Ihm sei Ehre in Ewigkeit. Amen (Röm 11,33.36).

Rosenkranz mit dem Jesusgebet

Das Jesusgebet kann mit verschiedenen Betrachtungsgedanken verbunden werden. Es sind verschiedene Weisen des Jesusgebetes überliefert.
Die bekannteste Form lautet:
Herr Jesus Christus, erbarme dich meiner (unser)

Eine erweiterte Form lautet:
Herr Jesus Christus, Sohn Gottes, erbarme dich meiner (unser)

Romano Guardini († 1968), Heinz Schürmann († 1999) und Klemens Tilmann († 1984) haben in je eigener Art Anregungen zum Betrachten mit einem Jesusgebet vorgelegt (siehe Literaturverzeichnis).

Alle drei Theologen möchten den Rosenkranz in seiner bekannten Form weder verdrängen noch reformieren, sie zeigen einen anderen Weg auf und sind dabei inspiriert vom Jesusgebet. Das Jesusgebet wird zu jedem Betrachtungsgedanken zehnmal gebetet.

Der Weihnachtsweg

Unter der Überschrift „Der Weihnachtsweg" legt Guardini Betrachtungsgedanken vor und verbindet sie mit dem folgenden Jesusgebet:

Gepriesen sei der Herr,
der Heilige und Mächtige,
der Sohn des lebendigen Gottes,
(Betrachtungsgedanke)
Jesus Christus, Heiland der Welt,
unser Meister und unser Bruder,
sei uns gnädig.

Er nennt noch einen längeren Text:

Gepriesen sei der Herr,
der Heilige und Mächtige,
Sohn des lebendigen Gottes,
(Betrachtungsgedanke)
Jesus Christus, Heiland der Welt,
führ uns den guten Weg und
nach unserem Tode sei uns ein gnädiger Richter.

Guardini schlägt vor, die Form der Einleitung mit Kreuzzeichen, Glaubensbekenntnis und der Bitte um Glauben, Hoffnung und Liebe beizubehalten.

Erster Adventssonntag

1. dem Zeichen vorausgehen am Himmel
2. der kommt auf den Wolken in Macht
3. vor welchem Himmel und Erde vergehen
4. der richtet die Lebenden wie auch die Toten
5. der am Ende dem Vater das Reich übergibt
(Lk 21,25–33)

Zweiter Adventssonntag

1. der von den Propheten verkündet worden ist
2. nach dem wir auf keinen anderen warten
3. der Blinde sehen macht und Taube hören
4. der den Armen die Frohe Botschaft bringt
5. der uns vor dem Ärgernis schützen möge
(Mt 11,2–10)

Dritter Adventssonntag

1. den der Ruf in der Wüste verkündet hat
2. der unerkannt unter den Menschen weilte
3. dem zu dienen Johannes nicht würdig war
4. der mit dem Heiligen Geist und mit Feuer tauft
5. dessen Friede alle Vernunft übersteigt
(Joh 1,19–28)

Vierter Adventssonntag

1. den die Himmel tauen sollen von oben
2. den die Erde möge entsprießen lassen
3. vor dem sich die Täler füllen sollen
4. vor dem sich die Berge ebnen sollen
5. der uns das Licht wolle schauen lassen
(Lk 3,1 – 6)

Weihnachten

1. der am Anfang beim Vater war
2. den Maria, die Jungfrau, empfing
3. den Maria nach Betlehem trug
4. den Maria geboren zur Heiligen Nacht
5. in dem sich uns Gottes Güte gezeigt hat

In ähnlicher Weise kann man aus den Evangelienabschnitten zu den Sonn- und Festtagen Betrachtungsgedanken formulieren.

Den Auferstandenen feiern

Auf den nächsten beiden Seiten folgen Beispiele von Heinz Schürmann (Münsterschwarzach 1997) mit den Evangelien der Ostertage (Lesejahr C, Lukas).

Die Feier der Osternacht: Lk 24,5b–6a

Die Männer sagten zu den Frauen: Was sucht ihr den Lebenden bei den Toten? Er ist nicht hier, sondern er ist auferstanden.

Herr Jesus Christus,
auferweckt und in Herrlichkeit,
Herr, erbarme dich meiner.

Ostersonntag: Joh 20,3–4.8

Da gingen Petrus und der andere Jünger hinaus und kamen zum Grab; sie liefen beide zusammen dorthin, aber weil der andere Jünger schneller war als Petrus, kam er als Erster ans Grab, (er) ging … hinein; er sah und glaubte.

Herr Jesus Christus,
du bist vom Tod erstanden,
Herr, erbarme dich meiner.

Ostermontag: Lk 24,28b–31

Jesus tat, als wolle er weitergehen, aber sie drängten ihn und sagten: Bleib doch bei uns; denn es wird bald Abend, der Tag hat sich schon geneigt. Da ging er mit hinein, um bei ihnen zu bleiben. Und als er mit ihnen bei Tisch war, nahm er das Brot, sprach den Lobpreis, brach das Brot und gab es ihnen. Da gingen ihnen die Augen auf und sie erkannten ihn, dann sahen sie ihn nicht mehr.

Herr Jesus Christus,
bleibe bei uns, Herr,
Herr, erbarme dich meiner.

Weißer Sonntag: Joh 20,27–28

Jesus sagte zu Thomas: Streck deinen Finger aus – hier sind meine Hände! Streck deine Hand aus und leg sie in meine Seite, und sei nicht ungläubig, sondern gläubig! Thomas antwortete ihm: Mein Herr und mein Gott!

Herr Jesus Christus,
mein Herr und mein Gott,
Herr, erbarme dich meiner.

Ein Christus-Rosenkranz

Das Christusgebet, das auch im „Gotteslob" aufgeführt ist, enthält tiefe biblische Worte und Gedanken und kann mit vielen Betrachtungsgedanken verbunden werden.

Sei gepriesen, Herr Jesus Christus,
Sohn des lebendigen Gottes.
Du bist der Erlöser der Welt,
unser Herr und Heiland,
...
Komm, Herr Jesus, und steh uns bei,
dass wir allezeit mit dir leben
und in das Reich deines Vaters gelangen.
Amen.

Zwischen dem Lobpreis (erster Teil) und der Bitte (zweiter Teil) werden Betrachtungsgedanken der Rosenkranz-Geheimnisse eingefügt.

Die Einleitung ist wie im bekannten Rosenkranz: Glaubensbekenntnis, Lobpreis, Vaterunser, dreimal das Christusgebet „Sei gepriesen" mit den Einfügungen um Glaube, Hoffnung und Liebe.

Die 15 Geheimnisse entsprechen mit anderen Akzenten dem herkömmlichen Rosenkranz.

Das Leben Jesu

1. der uns die Frohe Botschaft gebracht hat
2. der in allem den Vater verherrlicht hat
3. der den Menschen gedient hat
4. der unser aller Meister geworden ist
5. der uns die Heilige Eucharistie geschenkt hat

Das Leiden Jesu

1. der für uns Blut geschwitzt hat
2. der für uns gegeißelt worden ist
3. der für uns das schwere Kreuz getragen hat
4. der dem Vater bis in den Tod gehorsam war
5. der für uns am Kreuz gestorben ist

Die Erhöhung Jesu

1. der von den Toten auferstanden ist
2. der uns den Heiligen Geist gesandt hat
3. der in seiner Kirche lebt und wirkt

4. der kommen wird zu richten die Lebenden und die Toten
5. der alles vollenden wird

Gemeinsam beten – Rosenkranzandacht

Der Rosenkranz war immer ein Gebet des Einzelnen und der Gemeinschaft. Er gehörte zu den geistlichen Übungen, die über die Jahrhunderte lebendig geblieben sind. Der Familienrosenkranz hat in Nordamerika und in den Ländern der jungen Kirchen auch heute viele Freunde. In neuen geistlichen Gemeinschaften wie in alten Orden gehört er bei vielen zum täglichen Gebet.

In Notzeiten führt der Rosenkranz Menschen zusammen. Ich erinnere mich, wie wir auf dem Höhepunkt des Zweiten Weltkrieges Abend für Abend in Kevelaer an der Gnadenkapelle uns zum „Sturmgebet" versammelten. Im Mittelpunkt stand das Rosenkranzgebet.

Im 19. Jahrhundert wurde von Pater Joseph M. Moran OP der Gedanke des Rosenkranzmonats Oktober öffentlich gemacht. Bald verbreitete sich dieser Brauch auch in anderen Ländern. Papst Leo XIII. führte diese Andacht 1883 für die gesamte Kirche ein.

Die vielen Hilfen für Rosenkranzandachten zeigen, dass auch heute das gemeinsame Rosenkranzgebet im Oktober, aber auch zu anderen bestimmten Anlässen lebendig ist. „Mit dem Rosenkranz geht das christliche Volk in die Schule Mariens, um sich in die Betrachtung der Schönheit des Antlitzes Christi und in die Erfahrung der Tiefe seiner Liebe einführen zu lassen" (Johannes Paul II., Rosarium Virginis Mariae Nr. 1).

Unsere Heimat ist der Himmel –
Rosenkranz für Verstorbene

Lied: Wir sind nur Gast auf Erden (GL Nr. 656)

Einführung:
Der Tod führt uns zusammen. Aus dem Glauben heraus wissen wir: „Gott ist nicht ein Gott der Toten, sondern der Lebenden" (Mt 22,32).
In diesem Glauben beten wir für den Verstorbenen N. N./für die Verstorbene N. N. und gedenken aller, die dieser Tod schmerzlich getroffen hat.

V: Herr, Jesus Christus, du hast uns den Weg zum Vater gezeigt. Herr, erbarme dich.
A: Herr, erbarme dich.
V: Du hast durch den Tod der Welt das Leben geschenkt. Christus, erbarme dich.
A: Christus, erbarme dich.
V: Du hast uns im Haus deines Vaters eine Wohnung bereitet. Herr, erbarme dich.
A: Herr, erbarme dich.
(aus: Die kirchliche Begräbnisfeier 1972, S. 38)

Wir hören ein Wort aus der Geheimen Offenbarung:

„Da hörte ich eine laute Stimme vom Thron her rufen:

Seht, die Wohnung Gottes unter den Menschen! Er wird in ihrer Mitte wohnen, und sie werden sein Volk sein; und er, Gott, wird bei ihnen sein.
Er wird alle Tränen von ihren Augen abwischen: Der Tod wird nicht mehr sein, keine Trauer, keine Klage, keine Mühsal. Denn was früher war, ist vergangen." (Offb 21,3–4)

Wir betrachten Geheimnisse des Rosenkranzes:

1. An der Hand Mariens schauen wir auf Christus, der für uns in den Tod gegangen ist. Durch seinen Tod hat er unseren Tod überwunden.
   Wir schauen auf ihn. Es ist eine Stunde großer Einsamkeit. Sie beantwortet nicht alle Fragen, die der Tod uns stellt. Der Tod am Kreuz ist sein Weg, uns das Tor zum Leben zu öffnen.

Gesätz: Jesus, der für uns ist gekreuzigt worden

2. Jesus steigt hinab in das Reich des Todes. Er zerbricht die Pforten der Unterwelt. Er geht herrlich aus dem Grab hervor. Er ist von den Toten auferstanden. Er bringt der Welt den Frieden. Er trocknet alle Tränen.

Gesätz: Jesus, der von den Toten auferstanden ist

Lied: Wir sind getauft auf Christi Tod (GL Nr. 220,2.3)

3. In uns lebt schon die Ewigkeit. Wer Gott in sein Leben aufnimmt, den nimmt Gott im Tod in sein

Leben auf. Menschen, die sich Gott ganz anvertrauen, werden von Gott auch ganz angenommen. In der Aufnahme Mariens in den Himmel schauen wir unsere Zukunft.

Gesätz: Jesus, der dich, o Jungfrau, in den Himmel aufgenommen hat

Fürbitten:
Wir wollen beten zum Gott allen Trostes, der uns aufrichten will in unserer Traurigkeit:

V: um Kraft, unsere Traurigkeit nicht zu verdrängen, sondern zu überwinden durch die Hoffnung, die in uns lebt.
Christus, höre uns.

A: Christus, erhöre uns.

V: um Vertrauen, dass Gott die Macht hat, unsere Trauer in Freude zu verwandeln.
Christus, höre uns.

A: Christus, erhöre uns.

V: um aufrichtige Anteilnahme an der Trauer aller, die dieser Tod niederdrückt.
Christus, höre uns.

A: Christus, erhöre uns.

V: um die Überwindung des Leids über den Tod derer, die wir lieben, im Vertrauen darauf, dass Gott alles neu machen wird.
Christus, höre uns.

A: Christus, erhöre uns.

Wir wollen beten:
Du hast, o Herr, unseren Bruder (unsere Schwester) N. N. in diesem sterblichen Leben mit unermesslicher Liebe begleitet. Wir empfehlen ihn (sie) dir in Demut, damit er (sie) jetzt von allem Übel befreit, in deine ewige Ruhe gelange. So bitten wir um dein Erbarmen. Da für ihn (sie) diese Erdenzeit vorüber ist, geleite ihn (sie) gütig in dein Paradies, wo es keine Trauer mehr gibt, keine Klage und keine Mühsal, sondern Friede und Freude mit deinem Sohn und dem Heiligen Geist in alle Ewigkeit (aus: Die kirchliche Begräbnisfeier 2009, S. 175).

Schlusslied: Maria, breit den Mantel aus (GL Nr. 595) oder: Ich steh vor dir mit leeren Händen (GL Nr. 621, Str. 1–3) oder: Von guten Mächten treu und still umgeben (GL Nr. 846)

(Texte teilweise aus: Heinz Janssen, Liturgisches Hausbuch, Kevelaer 1991)

Christus ist unser Friede –
Rosenkranzgebet für den Frieden

„Seiner Natur nach ist der Rosenkranz auf den Frieden ausgerichtet. Dies ergibt sich aus der Tatsache, dass dieses Gebet in der Betrachtung Christi, des Fürsten des Friedens, besteht, der ‚unser Friede' ist (Eph 2,14).
Wer das Christusgeheimnis verinnerlicht – und genau darauf zielt der Rosenkranz ab –, eignet sich das Geheimnis des Friedens an und macht es zu seinem Lebensentwurf. Kraft seines meditativen Charakters übt das Rosenkranzgebet ferner in der ruhigen Abfolge des Ave-Maria auf den Beter selbst einen friedensstiftenden Einfluss aus" (Johannes Paul II., Rosarium Virginis Mariae, Nr. 40).

„Es kann gerade in der Sache des Friedens nicht gutgehen, wenn wir Gott auslassen."
„Das Gebet um Frieden hat seinen zentralen Platz im Leben des einzelnen Christen und im Leben der Gemeinde."
(Die Deutschen Bischöfe, Nr. 34, Gerechtigkeit schafft Frieden, April 1983, Nr. 4,1 und 5,1)

Eröffnungslied: Ave Maria, gratia plena (GL Nr. 580, Str. 1, 2, 5)

Einleitung:
Unfriede herrscht auf der Erde. Hass, Streit und an vielen Stellen der Welt kriegerische Auseinandersetzungen

trennen Menschen. „Es kann gerade in der Sache des Friedens nicht gut gehen, wenn wir Gott auslassen!" „Christus ist unser Friede" (Eph 2,14).

Von Christus gilt, was der Prophet Jesaja gesprochen hat: „Ein Kind ist uns geboren, ein Sohn ist uns geschenkt. Die Herrschaft liegt auf seinen Schultern. Man nennt ihn: wunderbarer Ratgeber, starker Gott, Vater in Ewigkeit, Fürst des Friedens. Seine Herrschaft ist groß und der Friede hat kein Ende" (Jes 9,5f.).

In Maria haben wir ein Vorbild für den Menschen, der mit Gott, mit den Menschen und mit sich selbst in Frieden lebt.

Lied: Nun wollen wir danken, preisen und loben (GL Nr. 580, Str. 6)

Wir beten den freudenreichen Rosenkranz:

„Im Namen des Vaters ..."

„Ich glaube an Gott ..."

Beten um Glauben, Hoffnung und Liebe

1. Gesätz: Jesus, den du, o Jungfrau, vom Heiligen Geist empfangen hast

Aus dem Lukasevangelium: „Da sagte Maria: Ich bin die Magd des Herrn; mir geschehe, wie du gesagt hast" (Lk 1,38).

Durch die Ankunft des Sohnes Gottes beginnt Gott mit den Menschen neu und schenkt ihnen seinen Frieden. Für diese Heilsbotschaft Gottes muss der Mensch sich öffnen, damit sie ihn erreichen kann. Maria ist offen für die Botschaft und den Auftrag, den Gott ihr durch den Engel Gabriel angekündigt hat.

Je mehr wir auf Gott hören und hinleben, desto eher werden wir den Frieden für uns finden und ihn den Menschen bringen können.

2. Gesätz: Jesus, den du, o Jungfrau, zu Elisabet getragen hast

Aus dem Lukasevangelium: „Er stürzt die Mächtigen vom Thron und erhöht die Niedrigen" (Lk 1,52).

Maria kommt zu ihrer Verwandten Elisabet. Bei der Begegnung der beiden Frauen preist Elisabet den Glauben Mariens. Im Magnificat (Hoch preise meine Seele den Herrn!) singt Maria das Lob Gottes.

Gott wendet sich den Schwachen, Geringen und Unterdrückten zu und richtet sie auf. Er erwählt den Menschen, der arm und gering ist, der Gedanken der Liebe und des Friedens denkt.

Lied: Den Herren will ich loben (GL Nr. 261, Str. 1, 3)

3. Gesätz: Jesus, den du, o Jungfrau, geboren hast

Aus dem Lukasevangelium: „Und plötzlich war bei dem Engel ein großes himmlisches Heer, das Gott lobte und sprach: Verherrlicht ist Gott in der Höhe und auf Erden ist Friede bei den Menschen seiner Gnade" (Lk 2,13–14).

Durch die Geburt Jesu hat Gott der Welt Frieden verheißen, den sie selbst nicht geben kann. Der Friede ist Geschenk Gottes. Deshalb ist eine Voraussetzung für den Frieden, dass der Mensch Gott anerkennt. Friede kann werden, wenn die Menschen nicht eigene Machtinteressen in den Vordergrund stellen, sondern die Ehre Gottes.

4. Gesätz: Jesus, den du, o Jungfrau, im Tempel aufgeopfert hast

Aus dem Lukasevangelium: „Da nahm Simeon das Kind in seine Arme und pries Gott mit den Worten: Meine Augen haben dein Heil geschaut, das du vor den Völkern bereitet hast" (Lk 2,28.30–31).

Maria und Josef bringen ihr Kind in den Tempel und begegnen dort Simeon und Hanna. Simeon nimmt das Kind in seine Arme und preist Gott, weil er „das Heil der Welt" geschaut hat.
„Der Friede, den Gott schafft, befähigt die Glaubenden dazu, Boten des Friedens, Friedensstifter zu werden. Im friedensstiftenden Dienst der Glaubenden leuchtet das Friedenswerk Gottes auf" (Gerechtigkeit schafft Frieden, Nr. 2,4).

5. Gesätz: *Jesus, den du, o Jungfrau, im Tempel wiedergefunden hast*

Aus dem Lukasevangelium: „Da sagte er zu ihnen: Warum habt ihr mich gesucht? Wusstet ihr nicht, dass ich in dem sein muss, was meinem Vater gehört?" (Lk 2,49).

Mit zwölf Jahren wallfahrtet Jesus mit seinen Eltern zum Tempel nach Jerusalem. Am Ende der Wallfahrt bleibt Jesus im Tempel zurück. Seine Eltern suchen ihn und finden ihn im Tempel. Der Tempel ist Ort, wo Gott wohnt. Wer bei Gott und bei seinem Wort wohnt, kann der Welt Frieden bringen.

Lied: Kündet allen in der Not (GL Nr. 106) oder: Gott liebt diese Welt (GL Nr. 297) oder: Maria, breit den Mantel aus (GL Nr. 595)

Die Zukunft leben – eine Betrachtung mit dem glorreichen Rosenkranz

Im glorreichen Rosenkranz betrachten wir die Zukunft unseres Lebens. Der erhöhte Herr ist beim Vater und lebt durch den Heiligen Geist in seiner Kirche. An Maria können wir unsere Zukunft schauen.

Nicht Zerstörung und Tod, sondern Gott hat das letzte Wort. Wir gehen nicht auf das Ende zu, sondern auf die Vollendung. Paulus spricht davon: „Wenn jemand in Christus ist, ist er eine neue Schöpfung: Das Alte ist vergangen. Neues ist geworden" (Eph 5,17).

Was an Maria geschehen ist, ist unsere Zukunft.

1. Gesätz: Jesus, der von den Toten erstanden ist

Unser Leben wird verwandelt.

Das ganze Leben Jesu – auch seine Passion – zielt auf die Auferstehung. Paulus sagt es sehr deutlich: „Ist aber Christus nicht auferweckt worden, dann ist unsere Verkündigung leer und euer Glaube sinnlos" (1 Kor 15,14).

Die Auferstehung können wir nicht begreifen, sie bleibt ein Geheimnis. Der Auferstandene muss sich sehen lassen, er muss erscheinen, damit er erkannt werden kann. „Da gingen ihnen die Augen auf, und sie erkannten ihn" (Lk 24,31). Es erkennen ihn die, die eine Beziehung zu Jesus haben: Maria von Magdala, die ihrem Meister bis nach Golgata gefolgt war; Simon Petrus und „der Jünger, den Jesus liebte" (Joh 20,2); die Jünger, die sich freuten, als sie den Herrn sahen (Joh 20,20); die Emmaus-Jünger, die ihn bitten: „Bleib doch bei uns!" (Lk 24,29).

Durch die Auferstehung Jesu haben wir eine Zukunft, die uns niemand nehmen kann.

2. Gesätz: Jesus, der in den Himmel aufgefahren ist

Der Himmel ist offen.

Himmel, das ist der Bereich Gottes. Dahin ist Jesus heimgekehrt. Im Epheserbrief steht, dass der Gott Jesu Christi seine Kraft und Stärke an Christus erwiesen hat, „den er von den Toten auferweckt und im Himmel auf den Platz zu seiner Rechten erhoben hat, hoch über alle Fürsten und Gewalten, Mächte und Herrschaften und über jeden Namen, der nicht nur in dieser Welt, sondern auch in der zukünftigen genannt wird" (Eph 1,20 f.).

Der Apostel sagt uns, wo unsere Zukunft liegt: „Ihr seid mit Christus auferweckt; dann strebt nach dem, was im Himmel ist, wo Christus zur Rechten Gottes sitzt. Richtet euren Sinn auf das Himmlische, nicht auf das Irdische" (Kol 3,1 f.).

Wir schauen nach oben und haben die Zusicherung, dass wir dort sein werden, wo er ist.

3. Gesätz: Jesus, der uns den Heiligen Geist gesandt hat

Die Wahrheit erkennen.

Das wird uns Pfingsten geschenkt. Gottes Geist ist bei uns, wenn wir bei ihm bleiben. Er führt unser Leben durch alle Unbegreiflichkeiten hindurch, wenn wir ihn zulassen.

Der Geist kommt auf die Apostel herab, die zusammen mit den Frauen und mit Maria, der Mutter Jesu, und mit seinen Brüdern einmütig im Gebet versammelt sind (Apg 1,14). Der eine Geist kommt auf die Gemeinde, die im Gebet geeint ist.

„Der uns geschenkte Geist ist zuallererst ein Geist des Sprechens mit Gott. Ein Geist des Gebetes und erst von hieraus ein Geist des Gespräches mit den Menschen, ein Geist der Sendung" (Hans Urs von Balthasar).

4. Gesätz: Jesus, der dich, o Jungfrau, in den Himmel aufgenommen hat

Wir werden erwartet.

In Maria wird uns das Ziel unseres Lebens vor Augen gestellt: unsere Vollendung in Gott. Maria, die „mit Leib und Seele in den Himmel aufgenommen" wurde, ist das prophetische Zeichen für die Auferstehung der Toten und das ewige Leben. Das gilt für jeden Einzelnen und für die Kirche insgesamt.

Maria ist „Bild und Anfang der in der kommenden Weltzeit zu vollendenden Kirche". Sie geht mit uns den Weg auf Erden, „bis zur Ankunft des Tages des Herrn (vgl. 2 Petr 3,10) als Zeichen der sicheren Hoffnung und des Trostes" (II. Vatikanisches Konzil, Lumen Gentium Nr. 68).

5. Gesätz: Jesus, der dich, o Jungfrau, im Himmel gekrönt hat

Wir werden anerkannt.

Krönung ist ein Bild für Vollendung, aber auch ein Bild der Verantwortung und Indienstnahme für andere. Krönung Mariens bedeutet, dass sich alles vollendet hat. Maria hat sich selbst als „Magd des Herrn" bezeichnet, sie ist nun „Königin des Himmels". Sie zeigt uns den Weg.

Wo wir andere anerkennen, schenkt Gott uns Anerkennung. Wo wir den anderen Menschen annehmen, ernst nehmen, lieb gewinnen, wird er unser Leben vollenden und krönen. Ein wahrhaft krönender Abschluss.

Liedvorschläge:
Das ist der Tag (GL Nr. 220)
Nun freu dich, du Christenheit (GL Nr. 222)
Ihr Christen hoch, erfreuet euch (GL Nr. 229)
Der Geist des Herrn (GL Nr. 249)
Freu dich, du Himmelskönigin (GL Nr. 576)

Der kurze Psalter

Der Schweizer Pfarrer Karl Imfeld erzählt in einem Bericht über das Rosenkranzgebet im Kanton Obwalden, dass die Großmutter den Enkeln einen eigenen Zugang zum Rosenkranzgebet verschaffte.

Er schreibt: „Für die Kinder war der Rosenkranz eine Geduldsprobe, die auch zum Überdruss führen konnte. Dem beugte zuhause die Großmutter vor, indem sie beim allabendlichen Rosenkranz schon vorausgehend den ‚kurzen Psalter' betete. Er war gleich aufgebaut wie der große Rosenkranz, bestand aber nur aus drei Gesätzchen zu je fünf Ave-Maria. Diesen wurden fortlaufend die fünf Geheimnisse des freudenreichen, schmerzhaften und glorreichen Rosenkranzes eingefügt. Diese frühe Übung wurde für viele zur lieb gewonnenen Gewohnheit, die sie auch als Erwachsene weiter pflegten" (in: Urs-Beat Frei/Fredy Bühler [Hrsg.], Der Rosenkranz, Bern o. J. [2003], S. 139).

Fast zur gleichen Zeit hat der große Jugendseelsorger Ludwig Wolker (1887–1955) in Deutschland den „Altenberger Rosenkranz" für die Jugend eingeführt. Er entspricht der Betweise der Großmutter aus Obwalden. Die Einleitung ist auch hier wie beim großen Rosenkranz. Dann folgen mit je einem Ave-Maria die 15 Geheimnisse des freudenreichen, schmerzhaften und glorreichen Rosenkranzes.

„... der schöne Perlen suchte"

Man muss die Perlen suchen. So steht es im Evangelium. Matthäus erzählte die kleine Geschichte: „Mit dem Himmelreich ist es wie mit einem Kaufmann, der schöne Perlen suchte ..." (Mt 13,45). Das gilt auch für die Perlen des Rosenkranzes. Viele haben diese kostbaren Perlen gefunden. Es erstaunt und überrascht, welche Menschen den Rosenkranz für ihr Leben entdeckt haben. Der Rosenkranz hat den Glauben vieler geprägt.

Im „Handbuch des Rosenkranzes" nennt W. Kirsch fast 60 Gestalten aus vielen Jahrhunderten, die „Perlenfreunde" waren und es öffentlich bekannt haben.

„Perlen für Maria" heißt ein Buch von L. Gschwind (siehe Literaturverzeichnis), das die Kraft des Rosenkranzes im Leben von Menschen bis in unsere Tage hinein schildert. Es sind Heilige, Politiker, Musiker und viele andere.

Der polnische Franziskaner, der heilige Maximilian Kolbe, der im Hungerbunker des KZ Auschwitz starb, schrieb in sein Tagebuch: „... Oft genügt es, nur ein Ave zu sprechen, aber in wichtigen Dingen empfiehlt es sich, den Rosenkranz zu beten." Im Hungerbunker sang und betete Pater Maximilian bis zuletzt. Immer wieder konnte man das Rosenkranzgebet hören. Der Rosenkranz hat ihn bis in seine Todesstunde begleitet.

Der junge Medizinstudent und Offiziersanwärter Heinz Bello aus Wesel wurde in Berlin zum Tode verurteilt und erschossen († 1944). Bei der Hinrichtung hielt er den Rosenkranz in seiner Hand.

Carlo Carretto († 1988), Präsident der Katholischen Aktion Italiens und später Mitglied der Gemeinschaft der „Kleinen Brüder" des Charles de Foucauld, schrieb: „Der Rosenkranz ist wie das Echo von Wellen, die sich am Ufer Gottes brechen."

Kaiser Karl V. († 1558) pflegte zu sagen: „Wenn ich meinen Rosenkranz beendet habe, soll die Angelegenheit zur Verhandlung gelangen."

Vom österreichischen Feldmarschall Radetzky († 1858) ist bekannt, dass er täglich den Rosenkranz betete, ihn stets bei sich trug und ihn vor wichtigen Entscheidungen betete.

Zu den „Perlenfischern" des Rosenkranzes gehören große Musiker. Der Komponist Christoph W. Gluck († 1787) sagte einmal: „Der Rosenkranz ist das Brevier des Musikers."

Joseph Haydn († 1809) schrieb die schönsten Stellen seiner Kompositionen dem Gebet des Rosenkranzes zu. „Wenn ich meinen Rosenkranz im Zimmer auf- und abgehend bete, dann kommen mir so viele Gedanken und Töne, dass ich kaum in der Lage bin, sie schnell zur Gänze niederzuschreiben."

Wolfgang Amadeus Mozart († 1791) schrieb in einem

Brief vom 3. Juli 1778 aus Paris an seine Familie: „Ich bin also gleich vor Freude nach der Symphonie ins Palais Royal, nahm ein gutes Gefrorenes, betete den Rosenkranz, den ich versprochen hatte, und ging nach Haus."

Die Namensliste der Heiligen, die eine besondere Beziehung zum Rosenkranz hatten, ist lang.

Im Jahre 1987 war Mutter Teresa in Kevelaer. Ich stand beim Rosenkranzgebet neben ihr und erlebte, mit welcher Inbrunst sie den Rosenkranz betete.

Kardinal Newman († 1890) war ein großer Theologe und ein großer Beter. Im Alter, als seine Sehkraft nachließ, sagte er einmal vom Rosenkranzgebet: „Es gibt nichts, was mir mehr Freude macht." Vor Studenten erklärte er: „Die große Kraft des Rosenkranzes liegt darin, dass er das Glaubensbekenntnis zu einem Gebet macht. Der Rosenkranz bringt uns die Wahrheit des Lebens und Todes Jesu vor Augen und so ins Herz."

Philipp Neri († 1595) gilt als der fröhlichste Heilige Roms. Sein seelsorgliches Wirken wurde durch den Rosenkranz bestimmt und gefördert. Er trug ständig den Rosenkranz bei sich und förderte das Rosenkranzgebet.

Vom heiligen Franz von Sales († 1787) ist bekannt, dass er durch ein privates Gelübde, täglich den Rosenkranz zu beten, sich gebunden hatte. Es war sein Lieblingsgebet. Wo immer er konnte, bemühte er sich um die Verbreitung der Rosenkranzandacht.

Vom heiligen Clemens Maria Hofbauer († 1820) stammt das Wort: „Meine Bibliothek ist der Rosenkranz."

Ein Bild aus unseren Tagen wählt der Bischof em. Reinhold Stecher aus Innsbruck: „Der Rosenkranz ist kein Sessellift, sondern ein Mountainbike der Frömmigkeit. Das geduldige, rhythmische Treten ist beschwerlich, aber es bringt nach oben."

Zeittafel
zur Geschichte des Rosenkranzes

um 300	Der Eremit Paulus von Theben in der nordafrikanischen Wüste zählt seine täglich verrichteten Vaterunser mithilfe kleiner Steine. Der heilige Antonius, Eremit in der oberägyptischen Wüste, gilt als der Schöpfer des griechischen Kombologion (Zählschnur).
8. Jh.	Nach den Vorschriften irischer Bußbücher wird für bestimmte Sünden das Beten von einer festgelegten Anzahl von Vaterunser verlangt. Der Gebrauch einer Zählschnur ist umstritten.
12. Jh.	Die Laienbrüder des Zisterzienserordens beten für die Verstorbenen des Ordens zehn Psalter oder 1500 Vaterunser.
1253	Der Dominikaner Wilhelm de Nubruk berichtet von einer Reise zu den Tataren: „Wie wir tragen sie Gebetsschnüre."
um 1260	In Paris wird die Zunft der Paternostermacher erwähnt. Auch in London entstehen Werkstätten.

1292	Eine Nachricht aus dem Jahre 1292 berichtet, dass nun der Paternoster allen Volksschichten ein ständiger Begleiter ist.
um 1300	Im Zisterzienserinnenkloster St. Thomas (Eifel) wird jeweils eine clausula (Geheimnis) an das Ave-Maria angehängt, angefangen von der Erschaffung bis zur Vollendung der Welt.
1381	Im Warenverzeichnis eines Londoner Goldschmiedes werden neben Paternoster- ausdrücklich auch Ave-Schnüre genannt.
14./15. Jh.	Der Kartäuser Heinrich Egher aus Kalkar (1328–1408) gliedert die 150 Ave-Maria durch 15 Paternoster in Zehnereinheiten.
1470	Alanus de Rupe (1428–1475), Dominikaner, errichtet die erste Rosenkranzbruderschaft in Douai (Frankreich).
1475	Gründung der Rosenkranzbruderschaft in Köln durch den Dominikaner Jakobus Sprenger. Es folgen Gründungen in Lissabon (1478), Venedig (1480) und Florenz (1481).

1478	Der erste feierliche Erlass zum Rosenkranz von Papst Sixtus IV.
1568	Papst Pius V. fügt dem Ave-Maria den zweiten Teil hinzu: „Heilige Maria ..."
1569	Papst Pius V. gibt dem Rosenkranz die heute gültige Form.
1571	Tilman Riemenschneider (1460–1531) schnitzt die Volkacher Madonna mit Rosenkranz.
um 1600	Den 50 „Gegrüßet seist du, Maria" und fünf Vaterunser werden allgemein „Gegrüßet seist du, Maria" mit der Bitte um Glaube, Hoffnung und Liebe (göttliche Tugenden), ein Vaterunser und davor das Glaubensbekenntnis hinzugefügt.
Ende des 18 Jh.	Kritik am Rosenkranz durch die katholische Aufklärung
1858	Muttergotteserscheinung in Lourdes. Die Muttergottes trägt einen Rosenkranz.
1883	Papst Leo XIII. bestimmt den Monat Oktober als Rosenkranzmonat. In seinem Pontifikat (1878–1903) verfasst

er zehn Rundschreiben über den Rosenkranz.

Nach 1900	wird in Kevelaer die Rosenkranzherstellung in größerem Umfang betrieben. Frauen und Mädchen werden für die Rosenkranzkettung angelernt. Rund 300 Personen sind in Heimarbeit beschäftigt.
1917	Erscheinung „Unserer Lieben Frau vom Rosenkranz" in Fatima
1922	Seit Pius XI. (1922–1939) stellen die Päpste Wert und Bedeutung des Rosenkranzes immer wieder durch besondere Rundschreiben heraus: Pius XI. und Pius XII. verfassen je eine Enzyklika. Johannes XXIII. schreibt zwei Enzykliken.
1947	Gründung der Gebetsgemeinschaft des Rosenkranz-Sühnekreuzzuges und „Fatima Weltapostolat".
1974	Paul VI.: „Marialis Cultus" (die rechte Pflege und Entfaltung der Marienverehrung). Hier: Der heilige Rosenkranz (Nr. 42–55)

| 2002 | Johannes Paul II. erweitert den Rosenkranz um fünf lichtreiche Geheimnisse (öffentliches Wirken Jesu) in seinem Apostolischen Schreiben „Der Rosenkranz der Jungfrau Maria" (Rosarium Virginis Mariae). |

Literaturverzeichnis

Apostolische Schreiben zum Rosenkranz (Auswahl aus den letzten Jahrzehnten):

Papst Johannes XXIII., Apostolisches Schreiben „Marialis Rosarii" (Der Rosenkranz als Friedensgebet), 29. September 1961.

Papst Paul VI., Apostolisches Mahnschreiben „Marialis Cultus" (Dritter Teil: Hinweis auf zwei religiöse Übungen: Der „Engel des Herrn" und das Rosenkranzgebet), 2. Februar 1974.

Papst Johannes Paul II., Apostolisches Schreiben „Rosarium Virginis Mariae" (u. a. Einführung des lichtreichen Rosenkranzes), 18. Oktober 2002.

Hans Urs von Balthasar, Der dreifache Kranz. Das Heil der Welt im Mariengebet, Einsiedeln 1977, [3]1978.

Stephan Beissel, Geschichte der Verehrung Marias in Deutschland während des Mittelalters, Freiburg 1909.

Stephan Beissel, Geschichte der Verehrung Marias im 16. und 17. Jahrhundert, Freiburg 1910.

Manfred Brauneck, Religiöse Volkskunst, Köln 1978.

Maria Bonifaza Brimmers, Der Rosenkranz. Neue Formen eines alten Gebetes, Kevelaer 1982.

Erzbischöfliches Dommuseum Köln, 500 Jahre Rosenkranz. 1475 Köln 1975. Kunst und Frömmigkeit im Spätmittelalter und ihr Weiterleben (Buch zur Ausstellung), Köln 1975.

Thomas Esser, Unserer Lieben Frauen Rosenkranz. Paderborn 1889.

Heinz Finger (Hrsg.), Der heilige Rosenkranz (Buch zur Ausstellung), Erzbischöfliche Diözesan- und Dombibliothek, Köln 2003.

Urs-Beat Frei/Fredy Bühler (Hrsg.), Der Rosenkranz. Andacht, Geschichte, Kunst, Bern o. J. (2003).

Tibor Gallus, Der Rosenkranz. Theologie der Muttergottes, Stein am Rhein 1978, [2]1983.

Anselm Grün (u. a.), Der Rosenkranz. Gebete und Meditationen, Leipzig 2003.

Ludwig Gschwind, Perlen für Maria, Augsburg 2008.

Romano Guardini, Der Rosenkranz Unserer Lieben Frau, Würzburg 1940/[5]1956.

Romano Guardini, Über das Rosenkranzgebet, Kolmar o. J. (1944).

Romano Guardini, Das Jahr des Herrn, Mainz 1946, [2]1953.

Klaus Hurtz (Hrsg.), Lebens-Gesätze. Zeitgenossen interpretieren den Rosenkranz, Regensburg 1994.

Heinrich Janssen, Perlen des Gebets. Der Rosenkranz – Hinführung und geistliche Deutung, Freiburg 2003, [2]2005.
Neu in den Topos Taschenbüchern 732 (2011).

Emmanuel Jungclausen, Aufrichtige Erzählungen eines russischen Pilgers, Freiburg [8]1978.

Peter Keller/Johannes Neuhardt, Edelsteine – Himmelsschnüre. Rosenkränze und Gebetsketten, Dommuseum zu Salzburg 2008. Buch zur Ausstellung.

Willibald Kirfel, Der Rosenkranz. Ursprung und Ausbreitung, Walldorf Hessen o. J. (1949). (Ursprung und Ausbreitung der Gebetsschnüre in den Religionen)

Wilfried Kirsch, Handbuch des Rosenkranzes, Wien 1950.

Karl Josef Klinkhammer, Adolf von Essen und seine Werke. Der Rosenkranz in der geschichtlichen Situation seiner Entstehung und in seinem bleibenden Anliegen. Eine Quellenforschung, Frankfurt a. M. 1972.

Karl Josef Klinkhammer, Ein wunderbares Beten, Leutesdorf 1980, [4]1990.

Antonio Borelli Machado, Der Rosenkranz. Die Lösung unserer Zeit, Frankfurt [2]2003.

Medienrat der Diözese Würzburg, Mit Maria Christus suchen und finden, Kardinal-Döpfner-Platz 5, 97070 Würzburg.

Alwin Meistermann, Der Rosenkranz der allerseligen Jungfrau. Sein Wesen und Wert, Paderborn 1891.

P. Benno Mikocki/Josef Bauer, Der Rosenkranz. Rhythmus des Himmels, Augsburg 2005.

Peter Modler, Gottes Rosen. Hinführung zu einem alten Gebet, Münsterschwarzach 2005.

Hans Otto Münsterer, Amulettkreuze und Kreuzamulette, Regensburg 1983.

Gislind Ritz, Der Rosenkranz, München 1962.

Hans Schalk, Der Rosenkranz. Ein altes Gebet neu entdeckt, München [2]2008.

Monique Scheer, Rosenkranz und Kriegsvisionen, Tübinger Vereinigung für Volkskunde e .V. 2006.

P. Dominikus M. Scheer, Rosenkranzbüchlein, Dülmen ²1897.

Peter Scherer (Hrsg.), Das Gmünder Schmuckhandwerk bis zu Beginn des XIX. Jahrhunderts, Schwäbisch Gmünd 1971.

Rainer Scherschel, Der Rosenkranz – das Jesusgebet des Westens, Freiburg 1979, ²1982.

Hans Günter Schönen, Rosenkranz und Christusgebet. Betrachtungen an Hand von Briefmarken. Edition St. Briktius, Rommerskirchen 1996.

Heinz Schürmann, Rosenkranz und Jesusgebet, Freiburg 1986.

Heinz Schürmann, Das Jesusgebet im Kirchenjahr, Münsterschwarzach 1997 (II. Teil von Rosenkranz und Jesusgebet, Freiburg 1986).

Reinhold Stecher, Der Rosenkranz. Ein kleines Plädoyer, Herausgeber Diözese Innsbruck u. a. ⁵2007.

Peter B. Steiner, Rosenkranz als Andachtsform und Bildthema, in: Sebastian Anneser u. a., Die Rosenkranztafel Herzog Wilhelms IV. von Bayern, 1536, Dommuseum Freising 2005.

Josef Treutlein, Rosenkranzandachten. Modelle und Anregungen, Freiburg 2009.

Helga Venzlaff, Der islamische Rosenkranz, Stuttgart 1985.

Franz Michael Willam, Die Geschichte und Gebetsschule des Rosenkranzes, Wien 1948.

Franz Michael Willam, Der Rosenkranz und das Menschenleben, Wien 1949.

Wilhelm Willms, Von Perle zu Perle, Kevelaer 1978.

Josef-Maria de Wolf, Mit der Ostkirche den Rosenkranz beten, Aktionsgemeinschaft Kyrillos und Methodios, Köln 2000.

Kleinschriften

Ludwig Averkamp, Ein betrachtender Rosenkranz als Manuskript 1983, Erzbistum Hamburg 1997.

Josef Bilstein, Jesus ist mit dir. Ein anderer Rosenkranz für Kinder, Bonifatiuswerk Paderborn 2004.

Christophorus-Verlag (Hrsg.), In seiner Nähe wird es Licht. Bilder und Texte zum Rosenkranzgebet, Freiburg 1979.

Alois van Doornick, Den Glauben in die Hand nehmen, Kevelaer 2006 (Kirchbauverein St. Antonius).

Dieter Emeis, Gebetsgedanken zum Rosenkranz, Leutesdorf [3]1975.

Erzbistum Köln, Was er euch sagt, das tut. Ein Gebetbuch zum Rosenkranz, Köln [2]2003.

Heinz Großmann, Gegrüßet seist du, Maria. Ein Rosenkranz für Kinder, Bonifatiuswerk Paderborn [2]2001.

Heiner Koch (Hrsg.), Mit Maria Christus betrachten. Arbeitshilfe, Erzbistum Köln 2003 (als Manuskript gedruckt).

Ruth Kreutzberg/Hermann Wieh, Mit Niels Stensen den Rosenkranz beten, Osnabrück (Dom-Buchhandlung) [1]1988, [2]2002.

Josef Franz Künzli, Ein Geschenk wie Gold, Jestetten [10]1998.

Mieczyslaw Malinski, Maria ist bei dir. Betrachtungen zum Rosenkranz, Kevelaer 1978.

Pietro Principe, Der Rosenkranz nach Papst Johannes Paul II. Eine Darstellung der 20 Rosenkranzgeheimnisse, Würzburg o. J. (italienisch 2002).

Chrysostomus Ripplinger, Der Rosenkranz den Kindern erklärt, Kevelaer 2006.

Schönstätter Marienschwestern, Wenn der Himmel offen ist. Eucharistische Andachten mit den lichtreichen Geheimnissen des Rosenkranzes, Borken 2003 (als Manuskript gedruckt).

Roland Walls, Vom Jordan nach Jerusalem, Euskirchen 1995.

Paul Weismantel, hören, verweilen, beten. Zentrum für Berufungspastoral, Freiburg 2007.

Quellenverzeichnis

S. 13: aus: Wilhelm Willms, von perle zu perle. © 1978 Butzon & Bercker GmbH, Kevelaer, www.bube.de (gekürzt)

S. 32, 56, 57, 58, 59, 121, 126 (oben): aus: Johannes Paul II., Apostolisches Schreiben „Rosarium Virginis Mariae", 18. Oktober 2002. © Deutsche Bischofskonferenz

S. 33: Alle Autorenrechte liegen bei der Katholischen Akademie in Bayern. Aus: Romano Guardini, Der Rosenkranz Unserer Lieben Frau, 7. Taschenbuchauflage 2009, S. 21 f. © Matthias-Grünewald-Verlag, Ostfildern

S. 65: Text: Maria Luise Thurmair. © Verlag Herder, Freiburg

S. 94 ff.: aus: Maria Bonifaza Brimmers, Den Rosenkranz beten im Geiste der Heiligen Schrift. © 1982 Butzon & Bercker GmbH, Kevelaer, www.bube.de

S. 115: Alle Autorenrechte liegen bei der Katholischen Akademie in Bayern. Aus: Romano Guardini, Das Jahr des Herrn. Ein Betrachtungsbuch, 2. Auflage 1953, S. 26. © Matthias-Grünewald-Verlag, Mainz

S. 116 f.: Alle Autorenrechte liegen bei der Katholischen Akademie in Bayern. Aus: A. a. O., S. 43 ff. © Matthias-Grünewald-Verlag, Mainz

S. 118 f.: entnommen aus: Heinrich Schürmann, Das Jesusgebet im Kirchenjahr. © Vier-Türme-Verlag GmbH, Verlag, Münsterschwarzach

S. 122, 125: Die Ständige Kommission für die Herausgabe der gemeinsamen liturgischen Bücher im deutschen Sprachgebiet erteilte für die aus diesen Büchern entnommenen Texte die Abdruckerlaubnis.

S. 126 (Mitte): aus: Wort der Deutschen Bischofskonferenz „Gerechtigkeit schafft Frieden" vom 18. April 1983, Nr. 4,1 und 5,1. © Deutsche Bischofskonferenz

S. 129: A.a.O., Nr. 2,4. © Deutsche Bischofskonferenz

S. 132: aus: Hans Urs von Balthasar, Der dreifache Kranz. Das Heil der Welt im Mariengebet. © Johannes Verlag Einsiedeln, Freiburg [3]1978, S. 80

S. 133: aus: II. Vatikanisches Konzil, Lumen Gentium, Nr. 68. © Deutsche Bischofskonferenz

S. 134: aus: Urs Beat Frei/Fredy Bühler, Der Rosenkranz. Andacht, Geschichte, Kunst. © Benteli Verlags AG, 2003 Bern

Die Bibeltexte wurden entnommen aus: Einheitsübersetzung der Heiligen Schrift. © 1980 Katholische Bibelanstalt, Stuttgart

Zeichen des Heils mitten im Leben

269 Seiten
Format: 13 x 21 cm
gebunden
ISBN 978-3-7666-1317-2

Gisela Baltes / Tobias Licht / Friedrich Lurz / Stefan Rau /
Susanne Sandherr / Maria Andrea Stratmann /
Johannes Bernard Uphus / Marc Witzenbacher

Gottes Nähe feiern
Sakramente und Sakramentalien

In eindrücklichen Zeichen machen die Sakramente –
und ebenso die Sakramentalien wie Segnungen oder
das Kreuzzeichen – die Liebe Gottes mitten im Leben
erfahrbar.

In den praxisnahen Beiträgen dieses Buches befassen sich
qualifizierte Theologinnen und Theologen mit den ent-
scheidenden Fragen rund um die sakramentalen Feiern
der Kirche. Sie erläutern deren Bedeutung und machen
zugleich deutlich, wie Sakramente und Sakramentalien
den Menschen von heute Gottes Nähe erschließen.

Butzon & Bercker

www.bube.de

Von Gott begleitet

Maria Andrea Stratmann

In der Fülle der Zeit
Kunstkarten aus dem Stundenbuch

Pappbox mit 2 x 6 Doppelkarten |
mit vierfarbigen Abbildungen | Format: 12,5 x 17 cm
mit Kuverts und Einlegeblättern | ISBN 978-3-7666-1541-1

Ein kostbar gestaltetes Geschenkkästchen mit entsprechendem Inhalt: Zwölf hochwertige Doppelkarten mit den sechs schönsten Stundenbuch-Motiven aus MAGNIFICAT, ausgewählt zu den biblischen Festen von der Geburt Jesu über das Dreikönigsfest bis Pfingsten. Jede Karte enthält meditative Worte und Gebete, die zu besinnlichen Momenten einladen, dazu kompaktes Hintergrundwissen zu den Bildmotiven. Das Einlegeblatt zu jeder Karte bietet darüber hinaus Platz für persönliche Texte.

Butzon & Bercker

www.bube.de

Kraft schöpfen aus dem Gebet

MAGNIFICAT
Das Stundenbuch

Monatlich ca. 350 Seiten | Dünndruck
Format: 11,3 x 16,9 cm | Paperback | ISSN 1254-7697

MAGNIFICAT ist eine Einladung zum Gebet – sowohl an den Einzelnen als auch an die Gemeinschaft. Das monatliche Heft begleitet den Leser durch das Jahr und gibt ihm für jeden einzelnen Tag ein Morgen- und ein Abendgebet aus dem reichen Gebetsschatz der Kirche, die Schriftlesungen der Eucharistiefeier und einen aktuellen Tagesimpuls an die Hand. Zudem erschließt es theologisch fundiert und auf leicht verständliche Weise aktuelle Themen aus dem Leben der Kirche, informiert über die Gedenktage der Heiligen und den liturgischen Kalender.

Ein kostenloses Probeheft kann bezogen werden bei:

Verlag Butzon & Bercker, Hoogeweg 71,
47623 Kevelaer, Deutschland
Telefon: (0 28 32) 9 29-1 92
Telefax: (0 28 32) 9 29-2 11
E-Mail: Service@magnificat.de
www.magnificat.de